50歲開始，不過配合別人的人生

停止萬事承攬，
6種生活清算練習，
啟動清爽人生。

50歳からの心を「ゆるめる」教え~
人生を楽しむ"執着"の手ばなし方

名取芳彥——著
葉廷昭——譯
HOUGEN NATORI

01 釋放執著心靈，放輕鬆

CONTENTS 目錄

02 放鬆僵化日子，活自在

03 家族苦，隨緣分

04 人生緣，放它去

05

第二人生，悠閒過

06 疲憊身，放從容

前言

迎接「人生五十歲」

人一到五十歲，就會想著接下來該怎麼活下去才好呢？

不久前你才憧憬的目標，現在已經不曉得消失到哪裡去了。突然間，你愈來愈害怕自己晚年淪落悲慘的下場。為了逃離那樣的下場，你是否惶惶不可終日呢？

你自以為人生就是不斷地往前邁進，沒想到驀然回首，你過得卻是形同逃難的生活。你擔心不繼續逃下去，就會被後來居上的某種東西抓住。

工作，曾經是你的生存意義，直到退休年齡逼近，這份生存意義也開始飄搖不定。彷彿你一回頭，就有惡鬼笑嘻嘻地追上來，要把你的生存意義吃乾抹淨一樣。

你曾在經濟上追求富裕的退休生活，如今竟有團體高呼年金給付應該減少，健保的自負額度要增加，老人要懂得照顧自己。這樣的聲浪撲天蓋地而來。

你努力經營家庭和人際關係，結果換來的是人人獨善其身。有人覺得人際關係很麻煩，根本不想理你；也有人把金錢看得比家庭或親戚重要，從此斷絕往來。有的父母害怕成為子女的負擔，甚至還苦苦哀求子女不要管他們。看著這些父母，你不禁悲從中來。

你耗盡體力和心神，思考著到底該如何活下去才好，腳步一刻也不敢停下來。難道這樣也算是「活著」嗎？

各位，不要悲觀了！其實我們可以放寬心胸地活下去。為了迎接五十歲這一天，我們也學過各式各樣的教訓了。

香奈兒女士說過：「二十歲的臉龐是自然的贈予，五十歲的臉龐則是你的功績。」

孔子在兩千五百年前，也自信滿滿地說：「我五十歲就知道自己該做什麼了，我瞭解天命了。」（「五十而知天命。」）

我們的年紀夠大了，大到已經知道自己的長處和短處了。到了這把年紀，也深刻體認到疾病和死亡，不再是與我們不相干的事情。潛藏在自己和別人心中的軟弱與邪惡，我們也看得很透澈了。權威和權力就像一把雙刃劍，我們對這兩樣東西都有了充分的瞭解。該發揮忍耐力和決斷力的時機場合，也早就知之甚詳了。

十幾歲的時候我們懵懂度日；二十幾歲的時候夢想將來、追尋自我；五十歲的我們和那時候的我們，已經不一樣了。

三十歲的時候在理想和現實中妥協，開始覺悟自己可以有怎樣的生活方式；但是，那也是很久以前的事了。

如今，融合人生四十多年來的經驗與知識，終於你慢慢地培養出自己的一套哲學，同時你要迎接「人生第一次五十歲」。

五十歲的你，可能有各式各樣的問題，本書要教導你解決這些問題的關鍵所在。我會以佛學為基礎，分享解除緊張的生活方式。

那些解決問題的關鍵，你在過去的人生早就擁有了。再來就是從這一把鑰匙裡，找出解決問題的那一把，插入鑰匙孔裡面轉動就行了。

請打開每一扇心靈的大門，讓內心吹吹風透透氣，舒緩你的緊張，笑著邁向未來的人生吧。

01

釋放執著心靈，放輕鬆

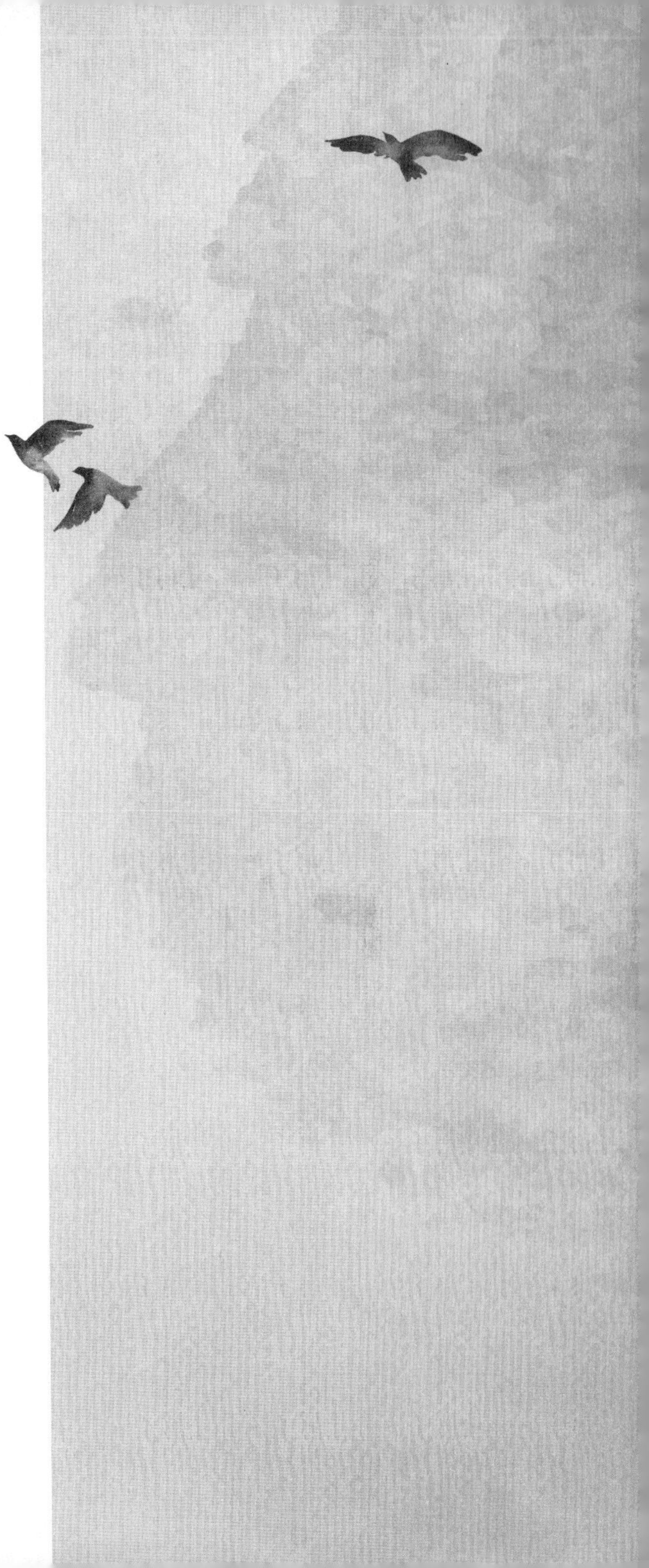

看透人生的終點

執著，一詞意為：「深受某件事吸引，內心著迷，無法放棄。」（出自《新明解國語辭典》。在佛教的用語中，執著泛指：「對某件事固執，執迷不悟。」出自《岩波佛學辭典》。）

探究某些事情是需要執著的，但是執著一件事情就會受到制約而失去自由，也可以說，執著是一種束縛。

能否看透這個事實，對我們的人生有著重大的影響。

在人生的某個階段，我們知道自己當下的執著和心靈不自由都是無可避免的。我們對此有所覺悟，執著在某件事情上下苦功。

我在二十五歲遁入空門，那是一間從明治時代（十九世紀）以來，整整一百二十年都沒有住持的寺廟。我拚命地思考著住持與寺廟究竟是什麼？探索著住持該有的姿態，以及世井中的檀家寺（接受特定經濟支援的寺廟）該有的樣貌。

另一方面，我每天都在苦思著什麼是僧侶，什麼是佛教。我曾經很煩惱，既然僧侶必須保持身心自由，那麼豈不是不能既擔任住持又尋求自我安定嗎？再者，佛教不光是為了布施者而存在的，我們不該只在寺廟弘法傳道吧？

現在回想起來，是我對住持、僧侶、佛教這些東西太執著了。可是，為了安定自己的心靈和立場，滿足社會性的欲望和自我的欲望，那也稱得上是一段寶貴的時光。

我們天生就有「追求的心念」，這種心念一旦找到目標，再怎麼純粹的追求之心都會變成執著。像我身為一名僧侶，就執著於：「遇到任何事情永遠要保持內心的平靜。」這也是沒辦法的事，畢竟那是不能退讓的目標。所以，我得找出妨礙我得道的欲望和執著，一一把它們排除才行。

五十歲也許是一個分水嶺，你可能會想**放棄不必要的執著，只留下達成人生目標所需要的欲望就好**；或者你可能充滿了欲望，不願失去對聲色或金錢的執著，甘願忍受心靈上的窘困和不自由。

我特別推薦各位選擇前者，這樣心靈才能獲得解脫。

五十歲是人生的盤點期

「人的一生，任重而道遠。」這是德川家康遺訓的開頭。

為什麼人生就像負重遠行呢？那些重物包含了我們生來就被賦予的男女天性，以及時代和地理等環境因素，還有子承父業的期望。而這些都不是我們自願背負的。

除此之外，也有我們甘願背負的包袱。換句話說，我們也會增加自己的負擔。

家康遺訓的下一句是：「慢行莫急。」有些人喜歡在自己人生的包袱中，放入「凡事求快」的執著，家康的這句話是在給予他們建議。

而對於那些不追求物質就無法心安的人，家康的建議則是：「把不便視為尋常的事情，就沒有不足了；欲望來的時候，試著想想自己窮困的時候。」

將「不必忍耐」奉為圭臬的人，家康勸戒他們：「忍耐才是長治久安的基石，憤怒是最大的敵人。」

看重勝利、厭惡失敗的人，家康則警告：「知勝不知敗，終究受其害。」

把推委卸責的處世方法納入人生包袱中的人，家康循循善誘：「責備自己，不要責備他人。」

至於血氣方剛、做事太極端的人，家康給予「過猶不及」的訓示。

我們在人生的路上，不自覺地背上了太多的包袱。不過，一到五十歲，那些曾經視為珍貴重要的健康、安定的收入、朋友，全都會自然消失。也難怪我們對剩下的東西更加執著了。

然而，**包袱還是愈少愈好**。就算要留下來以備不時之需，到了五十歲的你，也該隱約知道，所謂的「不時」根本就不會來臨。

我留下的包袱，頂多只有：不說別人壞話、不做壞事、永遠誠實、常保歡笑，如此而已，其他的都是我要丟掉的東西。

你要享受當下，還是未來？

過去江戶人在吃蕎麥麵的時候，只會沾一點點的醬汁，據說那樣才能吃出蕎麥的原味。有個江戶人在臨終前，被問到是否還有心願未了時，他說：「希望死前能吃一次，沾滿滿醬汁的蕎麥麵。」這是日本相聲裡一個耳熟能詳的開場橋段。

我的看法是，想吃就吃啊！幹嘛憋著呢？不知道是不是只有我這麼想？

有一種人和這個例子很類似，就是那些整天省吃儉用存錢買保險，以備年老或重病不時之需的人。他們就跟某些吃壽司的人一樣，總把最喜歡的菜色留到最後享用。這些多慮的人一心追求未來安定，因此擁有得再多都無法安心，他們寧可儲蓄也不願意即時行樂。

佛教有所謂的因果法則，亦即一切皆有因緣，才有現在的果。

既然期望自己的將來「安定」，那麼力行「儲蓄」種下善因，也是理所當然的。就如同運動選手要有好成績，就得忍受嚴苛的訓練一樣。

不過也有人認為，未來又還沒來，會有什麼樣的因緣根本無法預知，畢竟諸行無常。經濟狀況可能改變，國家政策可能改變，健康狀況也沒人說得準。說不定辛辛苦苦存下來的退休金、旅遊資金，到時候得拿來治療過勞造成的疾病。就好像萬一有什麼突發事件，本來留著最後享用的壽司，結果沒吃到。

為了將來省吃儉用，卻無法享受當下，這種自我矛盾正是因果和諸行無常的對立拉扯。我們是否該即時行樂，不再省吃儉用呢？還是努力儲蓄，以備將來不時之需？或是在這兩者中間取得一個平衡？

無論如何這都是覺悟的問題，**當你做出了決定，就要有拋棄其他選擇的覺悟**。五十歲，也是應該有這份覺悟的時候了。

試著懷疑自己的「心願」

釋迦牟尼捨棄了王位，拋妻棄子出家修道，為的是排解人生的「四苦八苦」。所謂的四苦，是指：生、老、病、死。再加上另外四種苦楚，合為八苦。一苦，是不得不與心愛的人分離的愛別離苦；二苦，是注定遇上討厭鬼的怨憎會苦；三苦，是追求而無所得的求之不得苦；四苦，是執著五大身心構成要素的五蘊盛苦。

基本的生老病死則另當別論，總之一般稱為四苦八苦。

佛教對於苦的定義很簡單，就是指：「無法如願以償的事情。」我想這個解釋，大家應該沒什麼意見才對。

我們之所以會有難過、痛苦、麻煩等等的負面情緒，全都是因為碰上了「無法如願以償的事情」。

衰老、生病、死亡，都是我們無法掌控的事。我們對於誕生雖然不會感覺痛苦，但是自己何時誕生、父母是誰，也不是我們能掌控的事（連談掌控的餘地都沒有），就這層意義來說，生也是一種痛苦。

我們總想掌控那些無法如願以償的事情，所以才會感到痛苦。要消除這些痛苦有兩個法門，一是實現心願的方法。例如，洗衣機、冰箱、電腦，就是實現心願的產物。

另一個是佛法的引導，亦即凡事不要妄想如願以償的觀念轉換。比如，想喝咖啡但是沒有咖啡，那就別計較沒有咖啡喝了。討厭下雨天的話，就去買一直很想買的一把大傘，保證你會很期待下雨天到來。不希望自己變老的話，就把變老當成一件好事吧，這樣自然就不會討厭衰老了。

有些人整天抱怨無法如願以償的事情太多了，其實是他們自己的心願太多。如果你有負面的情感，不妨試著懷疑一下「是不是自己的心願有問題」，討厭的事情會少到令你吃驚喔。

放棄，反能照見事物的本質

日文的「放棄」，寫作「諦める」，而《漢和辭典》中的「諦」字有幾個意思。

一，細究，指統整各種觀察，找出真相或理清事物。

二，真實，指綜觀全局之後看透真相。

三，真理，開悟的意思（佛教用語）。

而在補充說明中，放棄（諦める）又指無可奈何，放棄做不到的事，斷念的意思。

日文裡常說的放棄（諦める），是特殊用法。我身為一名僧侶，習慣用「諦」的前三種意義來思考，所以對「諦」這個字沒有日文那種負面觀感。人生在世，放棄（諦める）是非常重要的字眼，值得我們好好地活用。

很多人感慨，年過五十以後不論嘗試什麼，都很容易半途而廢，其實這是錯誤的。

日文的「放棄」有兩種寫法，第一種是「諦める」；第二種是「明らめる」，指辨明事物的原委和理由，以及心境空明。而這兩種寫法據說系出同源（和充滿光明的

「明るい」，也是系出同源）。

換句話說，沒有透過各種觀察，而照見事物的真相、理由、和原委，我們就無法果斷地放棄。

瞭解一樣東西不適合自己，或是發現自己有其他想做的事情，或是在時間上沒辦法完成而必須放棄，也是一種了不起的決斷方式，各位**不必責備自己「半途而廢」**。**只要自己真的想通了，那就好了**。

在佛教的觀念裡，要破除執著和堅持，關鍵就在照見真相之後乖乖地放棄。年過五十，也是該放棄諸多執迷，開始過悠閒生活的歲數了。看不清自己真正想做的事，還有真正應該做的事，整天抑鬱寡歡、執迷不悟才是真正的大問題。

看清事實，果斷放棄，這是非常乾脆、帥氣的事情呢。

不要沉溺於過去的滿足體驗

有人說，自己的生活沒有什麼缺憾，就是得不到滿足感。我認為「沒缺憾，等於滿足」，已經很不錯了，偏偏有些人覺得「沒缺憾，不等於滿足」。

依我的觀察，覺得不滿足的人分為兩種人。

一種是從來沒有滿足過的人，他們不知道什麼叫滿足。假設有人告訴他們，足知是能夠滿足全人類的東西，他們也不知道那是指人、食物、還是思想，所以也就無從追尋（足知，只是把知足倒過來講，沒有什麼特別的意思）。

另一種是曾經品嚐過滿足、現在卻感受不到的人。例如，在工作上辛苦付出，獲得了回報的人；或是在情場上體驗過兩情相悅的人；或是遠離世俗鑽研所好，遨遊過精神世界的人。也許這些人是得不到過去的那種滿足感。

什麼樣的狀態我們會感到滿足（圓滿的狀態）呢？這個答案因人而異。這裡我們只討論那些沒有缺憾卻不滿足的人。滿足，又不是三九九吃到飽，或是買到喜歡的東西就能解決的事。當然我們可以滿足自己的口腹之欲或購物欲，如果這樣做還不滿足，那就只能從精神層面下手了。也就是物質上沒有缺憾，心靈卻不自由的狀態。要是腦海裡還留著工作成就感的記憶，那麼對當事人來說，「滿足，等於努力工作得到回饋的喜悅」。

對兩情相悅感到滿足的人，也許是「滿足，等於自己與戀人的連帶感」。鑽研興趣才會感到滿足的人，大概是「滿足，等於忘我的境界，無關得失」。他們必須用這種方式，找尋過去所品嚐的滿足感裡，究竟帶有什麼本質才行。然後，以此為基礎，再嘗試其他事物來獲得同樣的精神滿足。

順帶一提，佛教兩千五百年來的立場是，**「滿足，等於心靈平靜」**。

不要執著不成熟的青春

「永不引退。」是一句很棒的話，對吧。認為這句話只適用在工作上的人，請好好地體會一下這句話的含意。人可以從工作中引退，卻無法從人生中引退，我們本來就活在永不引退的人生。

然而，有人誤以為「永不引退」是指充滿年輕活力，所以對青春有所執著。二十幾歲就把人生奉獻給工作的人，一到了五十歲活力不再的時候，就會發現「引退」這兩個字愈來愈迫切。許多事情不得不放慢腳步，也許是一件很令人懊惱的事。

不過，光靠年輕是無法推動工作和企業。年輕，確實有集中力、持久力、行動力等等，優勢的一面；相對的，豐富的經驗和熟練的技巧及智慧，也是年輕人難以望其項背的能力。

我在準備大型法會時，對此深有感觸。

「滿口道理而無實際行動，是謂老賊。」這是我常用來警惕自己的話語，但是講道理也是老人家的優點和義務。不同年齡有不同的職責，讓年輕人盡情行動，並且告訴他們：「放心去大展拳腳吧，出了事老子扛著。」這不僅是經驗豐富者的職責，也是一種威嚴。

有些人常常緬懷過去，我可不想回到懵懂無知的年輕時代。若是能帶著經年累月的知識和經驗回到過去，人生想必會更加精彩有趣，無奈那是不可能的夢想。

有時候我會教導年輕僧侶說話的技巧。有的僧侶年紀輕輕，說起話來卻老成持重。遇到這種人我都會拜託他們，年輕人幹嘛跟老頭子一樣，語重心長的談論人生；年輕人就應該有年輕人的青春活力，暢談人生美好才對啊！

不管是工作或人生，年紀大的人都是值得依靠的，請**不要執著青春時光，以悠閒又有威嚴的步調，昂首走下去吧**。

寡欲，是成熟的象徵

我過了五十歲之後，就沒剩下多少物欲了，也幾乎沒有想要的東西。像我這種人要是愈來愈多的話，日本的經濟鐵定會完蛋吧。

我陪妻子去購物中心的時候，也是看看就好，沒有想買的欲望。看到《星際大戰》有出新的尤達公仔，我也會顧慮到家中沒有擺放的空間而作罷。

俗話說，手錶是男人的浪漫，我跟妻子買了一對高達一萬五千元的手錶，那種手錶有太陽能充電和接收電波的功能，我死了之後也會半永久地運作下去，所以我也不需要其他名錶了。至於衣服和飾品，我本來就沒有特別想要。反正妻子的判斷得體，她會幫我買一些穿出去也不失禮的衣服。換句話說，我很滿足自己目前擁有的一切。

《遺教經》裡，有一段探討寡欲和知足的內容：

寡欲——欲望愈多，追求愈多，煩惱也就愈多。減少欲望，減少追求的東西，就沒有煩憂。光有寡欲這一項特質，就是很了不起的人德，寡欲之中含有許多善因。

寡欲之人不必逢迎獻媚，也不會受貪念所苦。他們心如止水，永遠平靜無波，那是一種沒有不足的圓滿境地。靜謐而從容之心……這也是開悟的境地。

知足——想擺脫各種煩惱，請回想知足的教誨。如此一來，你的心就是富貴安樂的大庭園，以大地為枕也能感到安樂；懂得知足，沒有財富也很富裕。

不懂得知足，哪怕住在雕梁畫棟的天宮裡也不會滿意。這種人再富有，也是受貪念擺布的可憐之人。

心中沒有想要的東西，不是心靈死寂的關係，而是你變得更加成熟的象徵。

恰如其分，就好

年輕的時候，我們都希望自己五十歲的時候，能過著恰如其分的奢侈生活。可是，當現實不如預期的時候，有些人就會自怨自艾，可惜自怨自艾改變不了什麼。

社會和經濟狀況的變化出乎意料之外，結果不如預期也是無可奈何的事情。與其感慨現實不如預期，不如笑嘆自己年輕時想法真的好傻好天真。人生，就是無法盡如人意才有趣啊！

怨天尤人是削弱人生的刨刃，不要怨天尤人的人生當然比較好呀。

那麼，我們該怎麼做呢？

現實無法改變，過去我們以為「恰如其分的奢侈」可以辦得到，現在最好改變一下那種奢望的想法。

例如，每年出國旅行的夢想，改成每年國內小旅行兩次。

每天零用錢三百元，等於每個月零用錢九千元的夢想，就改成每天兩百元，每個月合計六千元吧。

每個月吃一次高級餐廳的夢想，改用四季名產擔待一下，一年就能吃四次了。用這種方式逐步減少自己的欲望，藉以獲得心靈的平靜，是佛教兩千五百年來慣用的手法。

重點是，我們該如何設想自己接下來的人生規劃？

現狀不如預期就垂頭喪氣的人，最好不要有過多的欲望。欲望愈少，不如預期的話也就不會有太大的打擊。反之，結果出乎預期的話，品嚐起來會更加地喜悅。

三餐煮飯，米飯的軟硬度都無法隨心掌控了，更何況人生呢？

這句話說得真有道理，人生就是這樣才愉快啊！發生意外還能笑著面對的人，就算有再大的夢想變化也不會放在心上。按照佛教的說法，這種人**勇於接受諸行無常的變化，並且樂在其中**。希望大家都有一顆享受變化的心。

察覺心有迷惘的兩位和尚

有些人說，他們很在意自己失敗的經歷（不論是工作或私下的場合），這就好像買東西還沒有結帳一樣，一直沒有做出最後的決定。

可能過去實在太繁忙了，沒有時間做出了斷；或是覺得無所謂，所以也就始終沒有去處理。不過幸好你們在六十歲之前，就已經發現這件事。

說到「了斷」這個字眼，我總會想起一個有趣的故事。

有一位禪宗的和尚前去拜訪淨土宗的和尚。被請入房內之後，禪宗和尚開門見山請教淨土宗的和尚一個問題。

「根據淨土宗的教誨，淨土宗本尊為阿彌陀佛，是嗎？」

「正是。」

「那麼我想請教一個問題，按照典籍記載，阿彌陀佛是西方極樂說法的佛陀。那麼，到底阿彌陀佛在哪裡呢？」

淨土宗和尚伸出手，憑空一抓，接著緩緩地張開手掌說：「你看，就在這裡。」

（佛，無處不在。）

禪宗和尚一笑，提了下一個問題。「原來如此，那麼請問阿彌陀佛究竟幾歲了？」

淨土宗和尚指著自己的鼻子說：「跟我同年。」

（有心，人人皆可成佛。）

聽完回答，禪宗和尚稱讚對方了得，兩人成為了好朋友。

關於阿彌陀佛的所在和年齡，兩位和尚做出一個不容置喙的了斷。這種了斷的方式，很不錯吧。**自覺迷惘才能登上彼岸，以求得再也沒有迷惘的最終境地。**

接下來，我會介紹，我們也能夠實踐的了斷方式。

安撫、激勵過去的自己

佛教的觀念是，過去的事已經過去，無法重來；未來的事尚未到來，煩惱也沒有意義。我們只能活在當下，那就好好地活在當下。順帶一提，根據最近的調查，「當下」大約是指八秒內的事情。

我們明知無法改變過去，卻常常戀戀不捨地追憶過去。人在四十歲面對未來的時候，會義無反顧地走在那時的「當下」；到了五十歲時卻整天緬懷著過去，有的人則是感嘆著自己真的老了。

想要緬懷過去又能享受當下，當然是沒有問題的呀。反之，若是整天抱著千金難買早知道的悔恨，那麼會覺得丟人也是理所當然的。過去的事情無法改變。可是，我們可以在當下改變過去慚愧或痛苦的心情。

另外，「慚愧」兩字在佛教用語中各有其意。「慚」字，是指對自己感到羞恥。比如，自己在煮義大利麵的時候，放錯了調味料。而「愧」字，是指對外部感到羞恥。

比如，讓大家吃到難吃的義大利麵，十分過意不去。

要解決往事造成的討厭回憶，我運用的是一種名為內觀的佛教法門。有時候我們能透過前人的建議，消除內心的悔恨和遺憾。例如，你在眾人面前受到汙辱，心有不甘；如果有人跟你說，你忍耐是對的，對方在眾人面前汙辱你是自降品格，那麼你大概心裡會好受一點。同樣的，假設你做了一件好事，卻沒有獲得對方的感激；你在失望之際，如果有人跟你說，或許對方有什麼苦衷說不出口，說不定你就不會計較了。

所謂的內觀，就是在內心做這樣的事情。也就是**好好地思考，現在自己要如何安撫和激勵那些揮之不去的過往**。等你成功做到這一點，對過去的執著就會消失了。

請試著嘗試一下吧，千萬不要當一個老是抱怨過去的老年人。

不要瞎猜事物的「反面」

人到了五十歲，大都知道事物有正反兩面了。年輕的時候我們只看正面，相形之下看懂反面更能提升事物的價值，這並不是什麼壞事。

我曾在三十歲的盛夏時節，雙手各提著一袋購物袋走到商店的停車場，大約走了五分鐘。然後頂著汗水淋漓的光頭，坐在停車場裡的椅子上休息一下，喝著從自動販賣機買來的冷飲。

這時一對五十多歲的夫妻，也提了許多物品進來。溫柔的丈夫買了兩人份的冷飲，他把冷飲遞給妻子之後，坐在椅子上說：「這家商店真是夠了，在店裡賺我們的錢還不夠，連外面都要擺一臺自動販賣機繼續賺。」

我認為店家是顧慮到客人的需求，才擺放一臺自動販賣機。聽了那位丈夫的話之後，我在驚訝之餘，也受到很大的衝擊。

或許就如他所說的，商家真的有這樣的意圖吧。但是抱著這種批判性的思維，凡事只看不好的一面，想必他們的夫妻關係和日常生活會變得很辛苦。

凡事只看負面的人，自以為瞭解真相，不會受到欺騙。他們以為自己特別高尚，跟樂觀的笨蛋不同。當他們受到親切對待的時候，也會懷疑對方的意圖，而忽略對方的善舉。然後，遇到難以接受的事情，就會搬出陰謀論。久而久之，他們就成了一個怨天尤人的人。

反正職場就是不公平、反正努力也是爽到別人、反正美食吃進肚子裡還不是都一樣、反正人總有一天都要死……這種人只會度過空虛的人生。

瞭解反面，順應著正面而活，你絕對可以過得更加平靜、更加悠閒。

可以消除反感的感謝之心

我聽人家說，不會讓人家反感的炫耀，只有炫耀自己的故鄉和父母。

故鄉的風土人情對我們有養育之恩，聆聽這樣的炫耀是一件愉快的事情。再者，聽別人訴說父母的溫柔慈愛，也有一種溫馨的感覺。為父母舉辦葬禮的子女，在致詞中讚美去世的父母時，那些話語也有感動人心的魄力。

這兩個都不會讓人反感，是因為當中隱藏著「感謝之心」。等於是在告訴別人，多虧有心愛的故鄉和父母，才有現在的自己。

反之，沒有感謝之心的炫耀誰都不想聽。尤其那種炫耀過往輝煌的自戀話題，只會讓聽的人不勝其煩而已。會佯裝專心聆聽的，大概是很重人情義理的人吧。

就算當事人發現氣氛尷尬了，趕緊再補上一句：「算了，好漢不提當年勇！」也來不急了。沒有人願意接著那個話題聊下去，其他人會馬上改聊別的話題。

大家一定很好奇，為什麼我這麼清楚，對吧？因為：「算了，好漢不提當年勇！」

這句話被我講到爛了啊！

只提自己過去多努力、多拚命，根本沒有感謝之心。

如果你在當中加入一點感謝之心，整場的炫耀就會變得更有溫情了。例如，你過去拚命工作養家，忙得沒有時間休假，可是家人卻完全沒有抱怨，你很感謝家人的全心支持。

最糟糕的是不懂得感謝，還開始貴古賤今，訓斥現在的年輕人不像話。倘若改用勸戒的方式就好一點。比如，規勸年輕人不要整晚喝酒喧譁，隔天帶著一身酒氣去上學或上班，這樣會讓大家擔心，也給別人添麻煩。

感謝的言詞，必須心懷感激才能拿來說。想要炫耀的話，好歹要加上「感謝」，這樣大家才聽得進去。

先想想要留下什麼，而不是要丟掉什麼

人只要有一席立足之地就好，佛教認為僧侶只需要三種僧衣和托缽的器皿，這樣身心就能保持自由。

不過，當我們活到五十歲，東西會變多也是理所當然的事。東西多到一定程度之後，數量就會開始持平，差不多就是在五十歲左右。

今後我們的人生也不會有更多想要的東西了。即使有，得到一樣就要捨棄一樣，至少不會想再增加下去了。

好險我有寫過《練習不累積東西》這本書（三笠書房出版），因此，調查過許多整理術和丟棄物品的方法。

關於服飾首先要決定數量，決定春夏秋冬各需要幾件衣服。三年沒穿的就處理掉，現在舊衣回收的自治團體也愈來愈多，調查一下就不會浪費東西了。

喜歡的精品留下幾個就夠了，其他的不妨拿去網拍，還能享受跟網友交流的樂趣。有些人的嗜好是收集大量的收藏，這種收藏留到年老時欣賞，也別有一番樂趣。事先告訴親朋好友們，死後這些收藏要交給誰處理也是一個辦法，可以做為割愛前的心理準備。

書籍就賣到二手書店，或者捐贈給附近的圖書館。以前你留下來打算老了再多讀幾次的書，現在可能沒有老花眼鏡也讀不了了。要是想進行什麼研究的話，留下相關的書籍就好。

真正有效的整理法，不是一次全部整理完，而是一次處理一部分。例如，先決定好禮拜幾要整理東西，當天就徹底整理書桌最上層的抽屜，第二個抽屜則留待下禮拜再整理。

整理的基準是看自己想留下什麼，而不是想丟棄什麼。

重點在於，**感謝那些物品過去的付出，盡早處理不必要的東西，減輕負擔，享受身輕如燕的自在生活**。

請朋友幫忙處理照片

照片是保存回憶的物品，有些人明明很少看相簿，卻又捨不得丟掉，結果相簿愈積愈多。這種情況該如何是好呢？

我有一位攝影師好朋友，名字叫做平井慶祐。他在東日本大地震之後，將自己的工作據點轉移到宮城縣的石卷地區，他提供了一個很棒的建議。

照片太多無法整理的話，只洗出一張大張的裱框之後掛起來，就好。只要看到這一張照片，我們就會想起當時的風景、氣息、人物，以及拍照前後發生的往事。

我身邊有不少朋友，他們的照片都被海嘯沖走了，因為找回幾張照片而開心不已。根據女川町的遺物管理員表示，那些回來尋找遺物的人，其實沒有特別熱衷於尋找過去的照片。可是，那些完全找不到照片的人，儘管嘴上說那也沒有辦法，內心還是無法放棄希望。

日本人喜歡在家中擺放風景照供人欣賞，歐美人則一定都是擺家人的照片。他們擺放的不是供人欣賞的照片，而是自己真正想看的照片。如果各位不曉得該放哪一張照片，總之先選一張洗出來就好，等過幾個月之後再換另一張。這樣一來，一年大約會有六張左右。

拜託別人幫忙丟掉，也是一種不錯的最終手段。可以視為一種無奈的抉擇，不會再依依不捨了。

大家都以為我應該都是拜託寺廟或神社處理照片，對吧。畢竟丟掉充滿回憶的照片是有罪惡感的。尤其我們很難撕毀或燒掉人物的照片，照片中的人物眼神似乎有生命力。寺廟或神社舉辦的人偶供奉儀式，也包含了照片處理，不用擔心處理不乾淨。若是電子檔的話，請神主或和尚幫忙按下刪除鍵就行了。」

平井先生還補充，「照片雖然不是生活必備品，卻是非常重要的存在。」

請各位，也留下自己想看的重要照片吧。

房產和土地，都是「露水塵緣」

假設父母去世的時候，我們已經有了自己的房產或是在外地生活，就會有不知道該怎麼處理老家或父母遺物的問題。

這等於是在考驗我們，該如何處理自己和父母充滿回憶的場所或物品。

玄關的石板地、牆上掛的一幅畫、柱子上的痕跡、連天花板的汙點，都有我們的回憶，交給業者處理也委實過意不去。父母辛苦大半輩子才賺來的房子或土地，說什麼也捨不得讓給別人。

可是放著空屋不管，對鄰居來說不僅是一個大麻煩，稅金也是要繼續繳納。

我時常思考一個問題，日本列島產生的時候，明明土地不是任何人的，到底是經歷了什麼過程，土地才變成私有財產？邪馬台王國的卑彌呼女王曾說，這個國家的土地都是她的，後來發生部落抗爭才細分成他人的土地。但是歸根究柢，土地是地球的一部分，並不是人類的財產。

所以在舉行「地鎮祭」（日本人開工動土前舉行的祈福儀式）的時候，我們會懷抱著謙虛的心敬拜土地神，向土地神借用這塊土地，同時也讓地主瞭解這個道理。這就跟潛水伕在下水前，會先向大海表達歉意一樣，畢竟大海不是人類的居所，我們只是稍微打擾的過客。

房屋的建材本來就不是任何人的，而是地球的樹木和岩石。我們純粹是借來用，建造一棟僅能保持數百年的房子。拆掉房子以後，這些建材就要回歸大地，其他遺物也是同樣的道理。

換言之，從地球的歷史來看，土地、房子、物品跟我們的關係，都只是一點俗世塵緣罷了。從達觀的角度來看，處理掉也不會從地球或宇宙消失。

各位不妨用處理照片的方式，留下幾個別具紀念意義的東西就好，剩下的就灑幾把鹽，請神主或和尚祭祀過後，讓它們回歸自然吧。

把過去的回憶放在心裡，一起打造嶄新的記憶吧。

年紀愈大，房子愈小

住公寓或者大樓，凡事都要顧慮鄰居，因此有人到了五十歲，就想要有一棟可以安身立命的透天厝，過著不必顧慮鄰居的生活。

住持，基本上是住在寺廟裡在那裡工作的人。而寺廟是宗教法人的，住持只需要支付水電費，不用付房租。

我看到老同學買公寓或透天厝，要背上三、四十年的貸款，我就很慶幸自己的際遇。每天打掃寬廣的大殿、廂房、境內是很辛苦沒錯，但是一想到自己的幸運，也就不打緊了。

這種生活過了三十多年，我妻子說她想住小一點的房子。例如，吃飯的時候，不必特地站起來，轉身就能拿到醬油的那種小房子；或是打開吸塵器吸個五分鐘，就能清掃完畢的小房子；出門前，隨便上個鎖就好的房子最理想了。總有一天，我也想過那樣的生活。

我知道這是很奢侈的煩惱，可是對年過五十的家庭主婦來說，考量到未來的生活是一個很迫切的問題（不消說，妻子還諷刺我都沒有做家事……這件事跟我一點關係也沒有）。

所以，**如果你想要一棟透天厝，又不打算和兒女同住，那麼也沒必要買太大的房子。一棟小平房就夠了，也就是「溫馨甜蜜的小家園」**。

（住持，又稱為方丈，意指住在一丈四方裡的修行者。）

昭和時代有一個觀念是，男人就應該有自己的房子，要是各位還有這種價值觀，那麼買下人生中最貴的房產，或許也別有一番樂趣。

總之，五十歲已經不光是追尋夢想的年代了。我們應該考慮年老的生活，參考同居人的意見，尋找專業的房屋仲介商量，這些就輪不到我這個和尚說三道四了。

凡事單純享受箇中樂趣，就好

有些人很煩惱，自己一有錢就拿去打柏青哥或賭馬。我覺得與其煩惱這種問題，不如乾脆戒賭，但是這也是賭癮恐怖的地方。

大家只要上網找一下，就能找到各種檢查表，可以確認自己是否有某種癮頭，還有很多人分享自己恐怖的成癮生活和戒斷經驗。以為自己沒有成癮問題而略過不看的人，或是害怕自己有問題而不敢讀的人，真的應該好好地看一下。

據說，喜歡賭博的人，就算現在還沒有賭博成癮的問題，未來也很有可能上癮。請盡早分析自己的狀況，以免陷入家破人亡的負債生活。

把賭博當成娛樂或興趣的人，不管賭的是柏青哥或賽馬，都是花錢消遣，這種人會事先決定一個額度。曾經患有賭癮的人表示，單純享受中獎樂趣倒也沒關係，可是當你把賭博當成一種勝負，那就十分危險了。

也有人認為，賭博是打發時間的手段，**既然要花錢打發時間，何不在家裡的菜園**

或陽臺種蔬菜，或者是去文化中心學習製作工藝品？不然，去健身房鍛鍊身體，當作是保持健康的投資也好。

過去我在高中任教時，有一個資深的老師說，賭博就應該賭自行車競賽才對。因為柏青哥的運氣成分太重了，賭馬也要看馬這種動物的心情，根本靠不住。至於賭快艇，人們面對的是引擎這種複雜的機械，因此勝負難料。就這點來說，自行車的構造單純，勝負端看騎手的技術高低，勤於收集資料就會贏了。他還拿出兩大本資料給我看，簡直跟學者差不多。

我問他賺了多少？他給了我一個很棒的答案。他說自己並沒有真的賭，收集資料分析才是樂趣所在，這確實值得我們學習啊！

另外，我覺得呢，豪賭光是賭人生的抉擇，就夠了。

五十歲才能面對自己醜陋的內心

年紀大了，討厭的事情更不容易忘懷，有些人對此感到十分落寞。

年輕的時候，我們一時衝動出口傷人，也會嘴硬說自己不過是反唇相譏，錯的是別人，一點也不會耿耿於懷。遇到討厭的傢伙在背地裡說閒話，我們頂多憤憤不平罵個幾句，反正嘴巴長在別人身上，想說的人隨便他們。

可是到了五十歲，我們開始懂得深思事物的一體兩面。我們知道自己一時衝動出口傷人，主要是盤根錯節的「醜陋之心」使然，只是以前視而不見罷了。過去一句「以牙還牙」就帶過的往事，如今接二連三地浮現心頭。

那些你曾經不屑解釋、放任別人亂說的流言蜚語，早已傳得滿城風雨。等你發現自己孤立無援，也無言以對了。你很後悔當初沒有早點撇清謠言，或是找個人來幫忙澄清。

任何人都會有不好的傳聞，能否找到幾個人幫忙杜絕悠悠眾口，是一件至關重要的事情。年輕的時候，我們只會用膚淺的方法解決困難，到了五十歲才會真正明白背後的道理。

然而，這裡面有一個問題。

年輕的時候只要我們懂得反省，總有挽回名譽的時間和機會，但是也僅限於年輕的時候。到了五十歲，這樣的時間和機會愈來愈少。就好比一部兩小時的電影，最後三十分鐘才發展出新的問題，你會急於知道，剩下這點時間該如何收尾才好。這種心情可能會讓你深刻體認到，年紀大了，討厭的事情更不容易忘懷。

有些人七老八十了，到死前都沒想通自己討厭的事情原因是什麼；我們五十歲就**看清這些道理、試著解決問題，也算是一件了不起的事**。

真希望我生前解決不了的問題，還能留待來世處理啊！

瞭解執著，才能破除煩惱

人為何執著——佛教對這個難題的解釋是，我們本來就有一顆追求的心。佛教的觀念有一個前提，追求之心是我們的根本心識。當這份追求之心有了目標，就會產生執著。

為什麼追求之心屬於根本心識，這裡我們不詳細探討。縱使探討了，也無法解釋大家現在的痛苦。因此我們暫且不論，就當成「不曉得是為什麼，總之就是這樣子好了。」我很喜歡佛教這種敢於不議論的勇氣（佛教講求涅槃寂靜，重點不在論道，而在求解脫）。

美國的商業心理學家馬斯洛，他提出的「需求層次理論」，和後來的超個人心理學也有關聯。有人批評那是哲學，而非科學的內容。但是在考量執著這個諸多痛苦的根源時，這個理論十分受用，所以我想簡單介紹一下。

首先，人類有維持性命的生理需求。舉凡：吃飯、睡覺、排泄等等，皆屬於這一類，沒有這些需求人類無法活下去。

滿足生理需求之後，又有了追求安定與安全的需求。想要維持舒適狀態的欲望，會轉化成滿足需求的行動。這是屬於追求平凡和健康的需求。

再來是社會性的需求，前面兩種都是可以獨自滿足的，這一種則是在親朋好友、地區、公司等社會環境裡，尋求關聯的需求。

另外，是自我的需求，亦即獲得別人評價的需求。例如：追求地位、名聲、財產，學習技術的欲望也包含在內。或許我們活著，就是為了這個層級的需求。

最後，是自我實現的需求，也就是做自己想做的事情，追求自我風格的需求。

對於這五種需求，我也多有頭緒。現實生活中這些要素錯綜複雜，但是需求層級的理論和佛教的分析一樣了不起，佛教的看法是，「**當這份追求之心有了目標，就會產生執著。**」

思考自己執著的目標屬於哪個階段的需求，有助於我們解決煩惱。

02

放鬆僵化日子，活自在

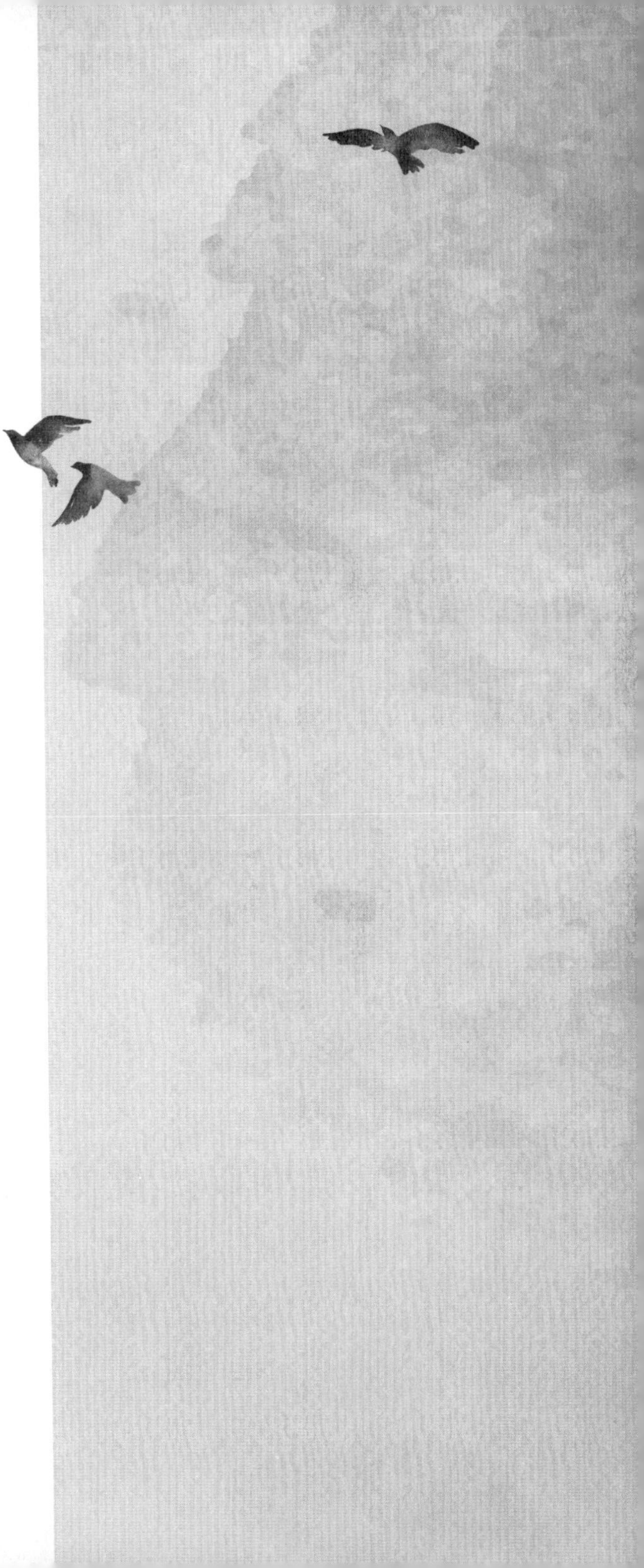

洄溯過往的因緣

我在寺廟裡當差，有不少機會可以和年長者交談。因為這裡是寺廟嘛，比起談論如何利用年金過活，或是如何維持健康之類的生活話題，大家比較常談的是如何思考的心靈話題。

談論的過程中也帶給我一個啟示，覺得自己現在很幸福的人，幾乎都會用正面的態度形容過去的經歷。肯定自我現狀的人，會抱持一種正面的態度，他們認為過去討厭的事情，對現在也是必要的。

這種態度簡單來說，就像心靈勵志書籍裡常說的：「你所做的一切都有意義，沒有什麼是不必要的。」

相對的，覺得自己現在不幸福的人，都是用否定的態度，把過去的經歷視為自己不幸的原因；或是活在回憶裡，緬懷過去的美好時光。他們執著於過去，看不到光明的未來。

佛教的基本教義中，有所謂的緣起法則，亦即「因緣相交為之果」的說法。任何人都逃不過這個法則。現在的自己是果，而這個果出自因和緣。自覺幸福或不幸福的人，不妨回顧一下自己過往的因和緣，這是恢復心靈平靜的有效法門。

如果你沒有辦法抬頭挺胸地說，自己過往的人生確實很美好，那麼覺得自己現在不幸福就是你的第一步。

請你試著想像自己的幸福是什麼，思考該怎麼做才會得到幸福。這種情況下，我建議各位排除金錢和健康這兩個要素，金錢和健康是不值得依靠的。拿不值得依靠的東西來作為幸福的基石，豈能得到穩固的成果。到頭來成天擔心基石崩塌，反而無法悠閒度日。

佛教一直在教化眾生，**幸福自在心中，不在身外之物**。

每個人對幸福的定義各有不同，試著改變自己結緣的方式，思考怎麼做才能讓自己幸福，那麼或許你就能得到良好的成果，肯定自己過去的人生了。

懷著「報恩」的念頭生活

佛教有一個說法是，我們要在讀過的每一頁裡觀想雲雨。也就是說，每一張紙製成的緣起當中，都有雨水化育木料，而雨水又是來自天上的積雲。

另外，還有栽種樹木的人、砍伐樹木的人、開船運送樹木的人、在造紙廠製紙的人、替這些工匠做便當的人等等。一張紙的存在，形同龐大的緣分集合體。

（這又牽涉到「一張紙並非單獨存在的個體」，因此符合「空」的定義，這裡我們就不詳述這種教義了。）

把我們自己代入這一張紙，也是同樣的道理。我們是龐大的緣分集合體，一有新的緣分加入，就會不斷地變化，所以不會有不變的「自我」。這些龐大的緣分之中，對自己有益的良緣，就稱為「恩」。

我的師父秉持這樣的觀念，留下了這麼一句話。

「生於萬千恩惠，至少要知百恩，報一恩。」

多虧無數的恩惠我們才得以存活，好歹也該知道當中的百大恩惠才是。例如：家人、父母、親戚、師長、朋友、土地、公司、國家、衣服、醫療等等，用這種方式細分下去，絕對不下一百種。

我們受到那麼多的恩惠，至少要償還一個恩惠，這就是我師父的訓誡。

到了五十歲，這份念頭在我心裡就更加強烈了。自己獲得了無數的恩惠，只會口頭上感謝而不懂得知恩圖報，實在太對不起千萬個恩惠了。

剩餘的人生，我要**懷抱著「報恩的念頭」活下去**。當然，自己的行為算不算報恩，是別人說了算，因此我才說是「念頭」。有了這種思維（這也是一種緣），就能獲得心靈的平靜，過上從容自在的生活。

無論你是否退休了，如果你不知道剩餘的人生該做什麼，那麼不如以他人的利益為優先（佛教中稱為菩薩行徑），提高自己報恩的行動比例吧。

人生不是無意義，而是未有意義

大約從十幾歲開始，我們遇到任何事情都想找出意義。

例如，一開始我們懷疑讀書是否有意義？這種凡事找意義的習慣到了出社會之後，又變成工作是否有意義？爭取出人頭地是否有意義？結婚後過了一陣子，每次夫妻吵完架又開始思考，結婚到底有什麼意義？

最後到了臨死之際，甚至悲觀地想著，我的人生真的有什麼意義嗎？

我們不光是想尋求解答，萬一年輕人問我們讀書、工作、人生的意義是什麼，我卻答不出一個所以然，就會覺得自己過去的人生根本毫無意義。

佛教認為一切都來自因緣，欲望是因，加上無法實現欲望的緣，就會產生苦果。好比我們有愛人的心，然後有結識異性的緣分，最後得到結婚的果。這當中是沒有意義的。

我說沒有意義，大家可能會照著字面上的意義解讀，事實上我指的是未有意義。

意思是，世間萬物的本性，是沒有被賦予意義的。

比方說，今天的天氣本來沒有意義，是每一個人替天氣賦予意義。晴天的日子，我們會說那是適合洗衣服的日子、適合外出的日子，或者是要小心防曬等等。下雨、下雪、打雷的日子也一樣。工作是為了獲得薪水，你也可以說，是為了成就感或打發時間。

人生的意義、過去的意義，對每一個人來說都不一樣，沒有人能幫我們決定。在我們自己決定之前，都是未有意義的。

假如你認為沒有意義的事情不值得做，那麼你等於是在縮小人生的選擇性。不用勉強賦予意義，保持原貌就好。讓後世的人替我們的人生賦予意義，擁有這種勇氣也很重要的。

今天是你人生中最年輕的日子

我擔任住持的寺廟裡有信眾的墳墓，而那些墳墓都在寺廟境內。掃墓用的線香是放在玄關點燃的，在那裡和信眾閒聊是一種非常棒的溝通機會。

和年過五十的信眾聊天，他們常常會提到自己想做的事情。當我建議他們應該試一試，他們卻很感慨地說，可惜自己已經不年輕了。

每次我都用同一句話回答他們。

「不管怎麼想，你的未來都不會比今天更年輕，所以今天是最年輕的一天，想做什麼事就趁早行動吧。」

其實他們只是抱著輕鬆的心情，隨口說說自己想幹嘛而已，沒想到住持給了一個義正詞嚴的答覆，大多數人都是嘴上贊同，臉上卻是一副很困擾的表情，顯然他們根本不是真心想做某件事。

容我補充一下，我常把「你的未來不會比今天更年輕」這句話，寫在畫有可愛藏菩薩的明信片上面。有一次，某位小姐將明信片送給六十多歲的母親，她母親看了明信片之後很生氣地說，這句話也太失禮了，好像嘲諷老人家混吃等死，太令人失望了！這是一個和尚應該說的話嗎？

想必那位小姐的母親很討厭變老吧。我連忙向那位小姐解釋，那句話是勸人把握時光，即時行動的意思。

有些人年屆退休，但是又提不起勁培養新的興趣。偏偏要他們重拾年輕時的興趣，他們又害怕自己有心無力。**如果你抱著「總有一天再來做」的想法，那一天永遠不會到來，只會徒然浪費光陰**。

對於這樣的人，我要重申一次。

你的未來不會比今天更年輕，在你剩餘的人生中，今天是最年輕的一天。整天抱怨自己無緣追求目標，可不是一件什麼光彩的事情。

無法持續下去的事情，中途放棄也沒關係

各位鄉親，不用感嘆自己做什麼都半途而廢，缺乏毅力和恆心沒什麼好在意的。

有些書你以為看得懂，或是有興趣，結果買來之後看不完也沒什麼好在意的。就當作是作者、編輯、出版社，出了一本很難讀的書就好了，勇敢地放棄那些不適合你的書。不用勉強自己讀下去，書店裡還能找到一大堆的書等著你閱讀。

為了健康開始慢跑，也試過持之以恆的訣竅，最後還是無法持續下去的話，就乾脆一點，直接放棄吧。

這代表慢跑不適合你的身體，繼續撐下去對身心都不是好事情，不必責備自己凡事半途而廢。

必要的時候，別人會來責備你的。

我舉這個例子也許不太妥當，總之大家姑且聽聽。當災害或事故引起大量傷亡時，判斷傷者的優先治療順序，這種作業稱為「檢傷分類」，是一種以有限的醫療資

源，發揮最大的救護功效的手段。

我在有限的生涯當中，也用類似的手段盡量提升自我和豐富人生。人在五十歲也有很多想做的事情，好比：讀書、慢跑、旅行、學英文等等。

我不只替這些事決定優先順序，連買來的書籍也有決定閱讀的順序。讀不下去的書，我會直接放棄，當作與自己無緣，然後拿起下一本書閱讀。

追求健康的手段多不勝數，慢跑無法持續下去的話，老實承認自己太晚起步就好了。多出來的時間，用來挑戰下一項訓練吧。

一直做那些難以持之以恆的事情，純粹是在浪費自己的時間。雖然說，堅持就是力量，但是五十歲以後，把短時間的集中力當成力量，也未嘗不可啊。

「沒有」，也是一種幸福

這個世界上有些人擅自臆測別人的想法，凡事臆測過度，心靈就會在膽怯與傲慢之間擺盪，無法保持豁達大度的思緒。

有的人害怕給別人添麻煩，其實麻不麻煩是別人決定的。也有人喜歡對別人的幸福或不幸說三道四，說別人身在福中不知福，他們自以為是在替沒信心的人打氣，但是過度干涉，純粹是強迫別人接受自己的價值觀罷了。因此，揣測別人的心思，請適可而止就好。

也有人表示，他們並不覺得自己幸福。如果他們真的這麼想，那當然是無可置喙的事情。然而，這樣心裡難免有個疙瘩在。

佛教的目標是開悟，亦即在任何情況下，都能保持心靈平穩的狀態。佛教講究的是達到這種境地的教誨，其中有一項教誨是放棄執著。

倘若「無法斷言自己幸福」讓你很不安，不妨換個方式思考，「沒有信心也無所謂，加減覺得幸福就夠了。」這樣就能保持心靈平穩。

畢竟，就算你自信滿滿地說自己很幸福，一旦遇到裁員、公司倒閉、離婚、重病、衰老等任何一項，都可能輕易瓦解你的自信。

五十歲的我們，過去一直努力成為一個值得別人託付的人，盡量地充實自己的工作能力和私生活。不過，凡事都要有自信的僵化思維，這本身就是一種困擾。注意到了這一點，放棄對信心的執著，過上悠閒的生活，這也是年過五十才辦得到的事。

每個人對幸福的定義都不一樣，有人擁有健康就覺得幸福，也有人把金錢當成衡量幸福的標準。

對我來說，**只要沒有不幸就很幸福了**。我知道「**沒有**」，**也是幸福，不是一定要「有」，才叫幸福**。

不要把幸福的條件抬得太高，放棄對信心的執著，緩慢地散步在人生道路上也不錯喔。

改變庸碌生活的兩大啟示

我在五十多歲獲得許多有益的啟示，假如我到七十歲都沒有領悟，那才叫「庸碌的人生」。

許多讀者都看過我的拙作《練習不在意》（三笠書房出版），該書的編輯在企劃階段提到一個概念，就是「不要被別人的言語影響」。

我想起自己以前被別人的言語影響，而無法保持心靈平靜的經驗。於是我在書中寫道，所謂的「大家都這樣講」，充其量也才三個人；這種批判的表現方式，不必在意，也沒關係。

總結是，不要仰賴人多勢眾，用「大家都這樣講」來彌補自己意見的弱點。萬一對方生氣地說：「有種把那些人帶來啊！」也不要推卸責任，就說那不是你講的。

多虧我寫過這一段文字，我這輩子批判別人，大概都不會再用「大家都這樣講」了，幸好我即早發現這個道理。

前幾年，別家出版社也提過一個企劃，概念是嚴謹地過生活。我花了一個禮拜的時間，思考著如何闡述這個抽象的題目。

結果我發現，**想嚴謹地過生活，關鍵在於你是否覺得生活是「無可取代」和「值得珍惜」的事情**。

其實不光是生活如此，要細心處理好工作和私事，同樣需要這兩大要素。幸好我在五十歲就領悟這個道理了。

或許，你很後悔自己過去的人生庸庸碌碌，但是未來會有怎樣的領悟，誰也說不準。說不定，有些領悟可以讓「庸庸碌碌的人生」變成「有意義的人生」，這種起死回生的事情，是很有可能發生的。

請不要放棄，好好地耕耘自己的心靈吧。在未來的人生道路上，一定埋藏著可以讓你心靈平靜的寶藏。

細數變老的好處

我是昭和三十三年（一九五八年）出生的，每次和高中同學見面，差不多都是聊同樣的話題。

「人老囉，不只耐力變差，半夜還要跑廁所好幾趟。睡眠品質也愈來愈差，一大清早就醒過來了，真是討厭啊！」

「對啊，大家真的老了。」

「不過，我們的身體還算硬朗嘛，也不用像年輕時那樣埋頭苦幹，說不定身體在無意間變成節能體質了。」

嚴格講起來，高中時代對我們來說就像不久前的事情。人到了五十歲，心智似乎和年輕的時候沒什麼兩樣，也難怪大家會覺得身體衰老了。

談論身體的話題，氣氛很難開朗起來，所以我會談一些變老的好處。

例如，**大部分的事情都嚇不著我們了，小孩子也不用我們照顧了，終於感受到房貸快要繳完了，也稍微瞭解人心了，曾經買不起的東西現在買得起了**。其實仔細想想，變老還是有不少好處的嘛。

明明變老的好處不少，大家整天只看壞處是不是太不公平了呢。

有句話是這麼說的：「你在幸福的時候，若不曾懷疑自己為什麼這麼幸福，那麼你在不幸的時候，也沒資格感嘆自己為什麼不幸。」

同樣的，當你忽略變老的好處，你就沒資格感嘆變老的壞處。

如果睡不好和早起這兩件事，讓你感受到自己變老的話，那你應該笑看變老是一件有趣的事，而不是失望才對。

感性，隨時都能淬鍊

不曉得這世上的活動，是專為幾歲的人設計的？年過五十的我，去購物商場或逛繁華的商街，幾乎沒有想要的東西了。

一些號稱很搞笑的表演，我看了也不懂笑點在哪裡。漫畫也一樣，過去那種讀起來很流暢的漫畫愈來愈少了，很多書都是看得令人眼花撩亂。

也許我的時代已經結束了吧，這種憂鬱的心情自然是免不了的。但是我後來發現，那是因為市場多半是以十到三十幾歲的人為主要客群的關係。鎖定購買力強大的年齡和性別，是做生意的慣用伎倆。幾乎什麼都不買的五十歲男性，會被市場冷落也無可厚非。

有些人拿現在跟以前相比，搞到自己的心情愈來愈沉重，然後用一句都是年齡害的來解釋問題，試圖用這樣的方式來說明自己。

可是，不要拿年齡作為心情沉重的藉口，心靈失去活力也不是年紀害的。

日本小學的校歌有一句，「滿懷希望，邁向光明未來」的歌詞，對吧。或許我們已經沒有那種璀璨的前途了，但是這不代表我們應該抑鬱寡歡。

有很多朝氣十足的大叔，拿著他們年輕時買不起的名貴樂器共組樂團，也有大叔風姿颯爽地騎著重機奔馳呢。

參加特殊旅行企劃的大姐們更是前仆後繼，有的徐娘半老拿出久未穿戴的和服，經過修改，穿在身上別有一番韻味呢。

（這裡的徐娘半老是指有了一定年紀，依舊姿色滿滿的中年婦女，請各位看了別介意啊！）

人到了五十歲，不是非得過得抑鬱寡歡。

純粹只是你的感性退化了，請重新淬鍊一下吧。

如果情緒低落的狀況還是有增無減，不妨上網做一些自我診斷，看看自己是否罹患了憂鬱症吧。

試著做一些不敢做的事情

一位高中時代的好友跟我說，將來他退休之後想到海外旅行，但是如今真正退休了，又不敢去陌生的國度。聽了他的說法，我真的搞不懂他在胡說八道什麼。不過，這種「明明想做，事到如今又不敢做」的感覺，隱含著很有趣的問題。

我問他，那麼已經去過好幾次的地方，還有興趣嗎？他回答我，故地重遊沒意義。其實已經去過的地方，還有很多值得一看的東西，他卻一副興趣缺缺的模樣。至於到陌生國家容易緊張多慮，所以讓他打了退堂鼓。換句話說，他心裡追求安心、安定的欲望，和追求未知體驗的好奇心，兩者在激烈拉扯著。

我再問他，不然到月球或外太空旅行怎麼樣？他說，要是不用煩惱金錢問題，哪怕有性命危險他也非去不可。換作是我也會這樣回答吧，我們都想實現從外太空看地球的夢想。

如果你想做的事情，只是「想要前往陌生國度」這種含糊的層次，缺乏具體展望的話，那麼追求安定、安心的感情就會壓過你的決心。相對的，如果是從宇宙看地球這種具體的浪漫情懷，那麼好奇心就會占優勢，驅使你勇敢去挑戰。

佛教有勸人「行中道、棄偏門」的說法。意思是：**適中就好，不要站在追求安定和挑戰精神的兩極**。

順帶一提，我跟妻子打算探訪日本所有的縣市。當我們遇到來自陌生縣市的居民，就會請教他們，假設要去他們的家鄉玩個三天兩夜，有沒有什麼推薦的地方？他們都會很困擾地表示，這種問題在地人也不好回答。不過，他們還是會很親切地說明，哪些地方是絕對不能錯過。踏遍日本所有的都道府縣，是我的一大樂趣。

與其浪費時間，對自己苟且偷安感到失望，還不如收集具體情報。例如：哪些國家有什麼名勝和美食。這樣一來，你就會確認自己護照的有效期限，在退休之後滿懷著好奇心，踏遍異國的土地。

不要求快

多年來我們處理事情的態度，都是做完一件事之後，有時間的話，還要再忙第二件、第三件才甘心。到了五十歲，我們也終於瞭解做一件事要花多少時間了。

可是，我們漸漸無法按照預定的計劃完成事情了。

你可能會很訝異，有些事情根本不該花這麼多時間才對呀。

這也難怪，人老了以後就算全力以赴，過程中還是會多出不必要的程序。例如，寫一份文件或一張明信片，中途會扭扭脖子消除肩膀酸痛，或是頻繁地攝取水分，滋潤一下比以前更容易乾渴的喉嚨，連上廁所的次數也會增加。

這些都是不自覺的行為，所以即便你全力以赴的心情不改當年，就結果來說，還是會浪費不少時間。對此感到氣憤也沒意義，因為那是人體衰老的生理變化所致。時間的耗損，還有其他的理由。

過去我們常被父母或上司責罵動作太慢，以至於做事馬虎，只求交差了事就好。

如今到了人生的後半段，我們想仔細做好一件事，這是非常棒的觀念。

我曾經看一位前輩在我面前寫信，可真是開了我的眼界。他寫一封信很仔細，花的時間是我的三倍以上。而他寫出來的字形和文字配置，無不展現出他誠懇的人品。

覺得自己沒辦法像過去一樣，凡事按照計劃進行的人，也不要動不動就生氣，你應該重新檢討自己的時間觀念。依我的經驗，焦躁的情緒多半出自「在時限內完成」，或者「求快」這種時間觀念。

假如你一直恪守著在時限內完成工作的信條，那請你拉長時限吧。好比，原本一小時的時限延長成兩小時。

我們已經到了，該把「求快」改成「求仔細」的年齡了。

面對消極的自己

過去幾十年，家人總是跟我說，你每天工作那麼忙碌，假日為什麼不待在家好好休息呢？現在到了五十歲，他們反而問我，難得的假日為何不出去走走呢？

外出或居家純屬個人喜好問題，大家選擇自己喜歡的就好了。

通常獻給神佛和先人的花卉，有慈悲和堅忍的意思。看到花朵沒有人會心生怒意，因此象徵慈悲。而花朵在寒風中努力綻放，有堅忍的寓意。人們藉由花卉表達這種心意，同時也是在告訴自己，神佛和先人要我們學習慈悲和堅忍。

慈悲，有「給予喜樂，破除痛苦」這兩大要素，堅忍也有兩大種類。一種是想要做，卻忍著不能做；另一種是不想做，卻硬著頭皮去做。要掌握平靜悠揚的生活方式，學習堅忍是必經之路。

假日外出的理由，跟堅忍一樣也分為兩種。一種是假日想到戶外走走的積極性理由，另一種是假日不想待在家的消極性理由。而假日待在家裡，也有分真心想待在家裡，和不想外出這兩大理由。

有些人很落寞地說，自己放假愈來愈常待在家裡，想必他們年輕時積極外出，一到假日就想去外面走走吧。如今失去外出的念頭，他們對這樣的自己感到難過。

既然如此，我建議他們最好弄清楚，自己是真心想待在家裡，或是不想外出的消極心態在作祟。

如果是自願待在家裡那當然沒問題。若是討厭外出，請找出明確的理由。例如，外面的環境吵鬧紛雜、累到不想動、外出要花錢等等……像這種**剖析自己內心的作業，會幫助我們豐富自己的人生**。

各位不妨在家喝點小酒，開心地剖析自己不想外出的理由，或是不想待在家裡的原因。找到答案以後，請盡情地享受外出或居家的樂趣吧。

穿什麼衣服，交給別人決定

有很多歌曲把人生比喻成演戲，身為主角的自己獨挑大樑，各式各樣的配角也在舞臺上輪流登場演出，故事分為：〈兒童篇〉、〈青春期篇〉、〈出社會篇〉、〈結婚篇〉等等，人生儼然是一齣片刻不停的舞臺劇。不曉得五十歲是這齣戲的第幾幕？在〈臨終篇〉上演前，還剩下幾幕呢？我希望痛快地扮演自己，直到人生的最後一刻。

戲服，是舞臺劇重要的元素，人生中也有適合不同時間、場合的衣服。我們遇到一個人，都是先從外表來判斷對方。因此，衣服的挑選和穿法疏忽不得。當然，有些人穿衣服不為別人，只選自己想穿的。不過對於穿著有沒有感興趣，或許是判斷生活是否精彩的標準。

這麼說來，五十歲的人懶得選衣服，也是失去活力、對人生不再積極的證據吧。不管穿什麼衣服，只要能表現出自己的特色，那麼確實不必拘泥於服飾選擇。可是，千萬不要懷著自暴自棄的念頭，不把別人的看法放在眼裡，這樣未免太寂寞了。

也不曉得是幸或者不幸，我上國中之前穿的衣服都是母親親手縫製的。母親縫製的衣服重視機能更勝美觀，那是生於昭和初期（西元一九二六年～）的母親勤儉持家的技術，也是她的母愛。我穿的不是我自己想穿的衣服，而是母親想讓我穿的衣服。這種讓別人幫我選衣服的習慣，一直到我現在快六十歲了，依然不變。現在都是妻子替我選衣服，有時候不得已一個人去百貨公司買衣服，我也是請店員挑選適合我的服飾。

關於我們的為人和魅力，其實別人比我們更清楚。我們既然是人生劇場的主角，那就專心演戲就好，把選擇衣服的工作交給服裝設計師吧。

我們並非無為度日

熱衷於某件事情，時間就會過得飛快。有些人沒做什麼事情，也覺得每天（或每年）過得飛快。不過，人到了五十歲，不會「無為度日」。

我們都有在做某些事情，只是做的事情太多、太雜。因此，回顧一天或一年來的經歷，缺乏完成大事的充實感。我本來也以為自己一事無成，後來我重新閱讀過去的部落格，這才發現自己每天都有某些成就或者感悟。

有段話不曉得是誰說的，總之是名言。

十幾歲的時候一天很短暫，二十幾歲的時候一個禮拜過得很快，三十幾歲的時候一個月轉眼即逝，四十幾歲的時候半年一下就過去了，五十幾歲的時候一年的光陰疾似流星，六十幾歲以後，時間是以十年為單位流逝……

對五十歲的人來說，這是很有同感的時間觀念吧。到了六十歲，時間也確實是以十年為單位流逝的。

我在葬禮上常唸一句追悼文，內容如下：「人生如夢幻泡影，百年時光無異於電光一閃，無常之風一陣來去，陰差悄然索命，無分男女老幼。」

百年人生如同電光一閃，我們連什麼時候死去都不曉得，人到五十歲，剩下的時間其實並不多了。

年紀輕輕就去世的日本天才作家中島敦，在他的作品《山月記》中，藉由一個變成老虎的男子說過這麼一段話。

「毫無作為的人生太過漫長，想要有所作為又顯得太過短暫。我賣弄這種嘴皮子，事實上是害怕曝露自己的才能不足，以及厭惡辛苦的怠惰性情使然。」我認為那句，**「毫無作為的人生太過漫長，想要有所作為又顯得太過短暫。」**真是至理名言。

可是，我們也不需要慌張。你可能以為自己一事無成，事實並非如此。寫日記或者經營部落格就能確認這一點了，面對飛快流逝的時光，請對自己的一天或者一年，充滿信心吧。

到了人生的折返點，我們才得以從容

五十歲已通過了人生的折返點，我們擁有各式各樣的經驗，對事物的架構、道理、應對的措施也有所瞭解了。因此，我們或許很難體驗到新鮮感。有人說，這是「心靈上了年紀」，我卻認為，是「心靈有了從容」。

跑過折返點的馬拉松選手，已經看過後方跑者所見識的風景了。

過去我們在情場和職場上橫衝直撞，分不清逞強和拚命的區別。如今，跑在人生的歸途上，我們終於能笑著緬懷自己以前幹過的蠢事。

逞強的人滿腦子只有自己，看不清周圍的狀況，也給許多人添麻煩。多虧我們學到這個教訓，才有了這份從容。

踏在人生的歸途上，或許還會有其他的領悟。例如，我們知道在適當的時機稍微拚命一下，還能有更大的進步或成長空間。

當然，我們有可能再次遇到以前發生過的事。好比往日的背叛、人們的溫情、評價的好壞等等，這些都有可能在人生的歸途上遇到。不過，只有在人生的歸途上，才能看清過去的事件真相，因為我們瞭解事物的一體兩面了。

我們也很清楚，得到某樣東西就等於要忍受失去它的恐懼。脾氣不好的人其實個性非常膽小，這點我們也看得很透澈了。過去聳立在我們身後的群山和大海，只有在人生的歸途上才有心情觀賞。

以前我們以為自己可以獨力生活，實際上我們享受著許多人的恩惠。親身經歷過的體驗不會有任何的虛假，就這層意義來看是很美好的事情。而這些人生中的至寶，都是我們在忙碌的前程中不會想通的道理。

得到這些寶物，豈可說自己「心靈上了年紀」呢？

薄酒萊葡萄酒屬於新酒，沒有成熟的深厚韻味。同樣的道理，「心靈上了年紀」可以說是，心靈的「從容和成熟」。請取下五十年禮藏的心靈紅酒瓶蓋，慢慢地享用箇中的滋味，邁向人生的終點吧。

練習享受「一個人的時間」

有些人過去和朋友一起愉快度日，到了五十歲以後，一個人做事就會覺得寂寞，沒辦法享受當中的樂趣，害怕寂寞的本色表露無遺。沒有練習過如何獨處的人，今後或許還有一段試煉的路要走，請各位抱著反覆嘗試的決心，就當作是替自己老後做好準備吧。

適合一個人享受的，多半是放任萬千思緒在內心奔騰的活動。例如：讀書、觀賞電影、看電視劇、手工藝、坐禪等等。目前，我還有寫作這項獨力作業，暫時還感受不到寂寞。

人多比較有趣的活動，最具代表性的就是用餐了吧。用餐這種事，該怎麼一個人享受才好呢？一個人吃中華料理最困難了，畢竟一個人也只吃得下兩道菜，人多才有辦法多點幾道菜來分享。文豪海明威說，餐會最多八個人就好，人數再多就會各自聊開，沒辦法共享同一個話題。依我個人的經驗來看，確實是如此。

坐在電視前面，獨自食用便利商店的便當很寂寞，對吧？好歹也該買點好菜，放到漂亮的餐具上好好品嚐才對。站在瓦斯爐邊，就著鍋子直接吃泡麵已經算不上用餐，根本是吃飼料的領域了，簡直悲慘到無以復加。（我就這樣幹過，所以我特別清楚）五十歲或許很適合一個人坐在小餐廳的吧檯區，吃著小菜和魷魚絲，喝著熱酒懷念過往吧。

散步或騎自行車，可以徜徉在春夏秋冬或季節變換的自然美景中，以自己的步調行走或踩動踏板，感覺就像一趟小小的旅行。途中到咖啡廳點一杯時髦的飲料也不賴，我個人則必須要帶著書本在身上，才有辦法在咖啡廳坐超過五分鐘。總之，這也是練習享受獨處的一環。

說不定，再過不久我們就得獨自享受所有的事情了，趕緊趁現在多加練習吧。

一份食物之中，都有生產者、配送業者、販賣業者的努力，路邊的草木和天上的雲彩，乃至枝頭上的小鳥都與我們同在，請各位學著感受這些道理吧。

不必勉強追逐流行

有個關於光陰的故事，我忘記是在哪裡讀到的，令人印象十分深刻。

某位年輕人撿到一顆魔法毛線球，只要拉動當中的毛線，時間就會流逝。他想知道自己未來會從事什麼工作，因此拉了一次毛線。接下來，他又想知道自己會跟什麼人結婚，於是又拉了一次毛線。不料隔天早上，他的房間裡只剩下雜亂的毛線和一具老人的屍體……

故事內容差不多是這樣。

我是在三十初頭讀到這則故事的。後來，我放棄了這種操弄時間的方式，來探究未來的心願。我知道自己只能在時間的洪流中隨波逐流，這也是一種小小的領悟。

可是有了這份領悟，我還是覺得邁入二十一世紀以後，時光的流逝有愈來愈快的趨勢。我甚至懷疑，是不是有人在拉扯巨大的魔法毛球呢。

我努力跟上快速的潮流，但是身邊的變化卻愈見倉促。日本歲末會播報的「今年大事回顧」，彷彿是好幾年前的舊聞，流行語的壽命也才短短數個月，科技產品的進步更是迅速，我完全無法跟上腳步。

女兒用手機傳簡訊的時候，手指的速度快到我看不清楚，我還以為，我是看以八倍速播放的影像畫面。

家中的電腦當機了，我花了六個小時調查解決方法，忙得焦頭爛額。結果我把狀況跟兒子說明一下，他也沒多說什麼，從我身後按住滑鼠點擊個三下就解決了。

有些人很煩惱自己跟不上年輕同僚或兒女的話題。例如，社群網路等新世代玩意兒。請各位不必擔心，我們對流行趨勢的掌握慢個兩年也沒關係。儘管有人說，「追逐流行是敏銳體察時代的先進潮流」，但是最先進的技術和流行，說穿了就跟海面上的波浪一樣飄渺。

年過五十的我們，**不妨仰望著時代的波動，把它們看作猶如海面下的深水，懷著悠閒大度的心境自處就好**。

不必在意餘生

我的父親生於大正十二年（一九二三年），他在大學時代曾加入自殺特攻隊。幸虧飛機的數量不足，他才得以撿回一命。當然他在報名的時候，是抱著必死的決心。

父親在戰後結婚，到了五十歲左右，被診斷出罹患初期胃癌。醫師說立刻動手術的話，未來二十年保證不會死於胃癌，於是父親接受動手術。那時候他在手術同意書上簽名，想必也很清楚死亡的風險。

簽下同意書的當晚，父親在浴室摸著肚子，唸起小時候學的一段《孝經》。內容是：「身體髮膚，受之父母，不敢毀傷，孝之始也。」

（人體的一切都是父母給予的，保護其不受傷害是孝道的第一步。）

之後，父親又動了開顱手術治療顏面痙攣，以及剖腹手術治療肝癌。每一次動手術，他都有死亡的覺悟。

父親在六十一歲的二月，失去了最愛的妻子（我母親）。到了七月的盂蘭盆節，他在寺廟玄關對面的和室，弄了一個母親的祭壇，平時關照我們的信眾也前來上香。

有一位年約五十五歲的客人參拜完，坐在玄關穿鞋子，一邊安慰前來送行的父親。「夫人去世，您很寂寞吧？不過，孩子也都平安長大了，住持您就好好地安享餘生吧。」

父親回答對方。「其實，餘生這個說法並不妥當，人生豈有多餘的部分呢？我們一直都活在有限的人生之中啊！」

曾經多次面對死亡的父親，才說得出這種直指人心的話。

有些人**尚有心願未了，卻礙於年事已高，遲遲不敢行動。在有限的人生之中，這樣未免可惜了。**

「把握人生」跟「永不言退」的意境，是一樣的喔。

03

家族苦，隨緣分

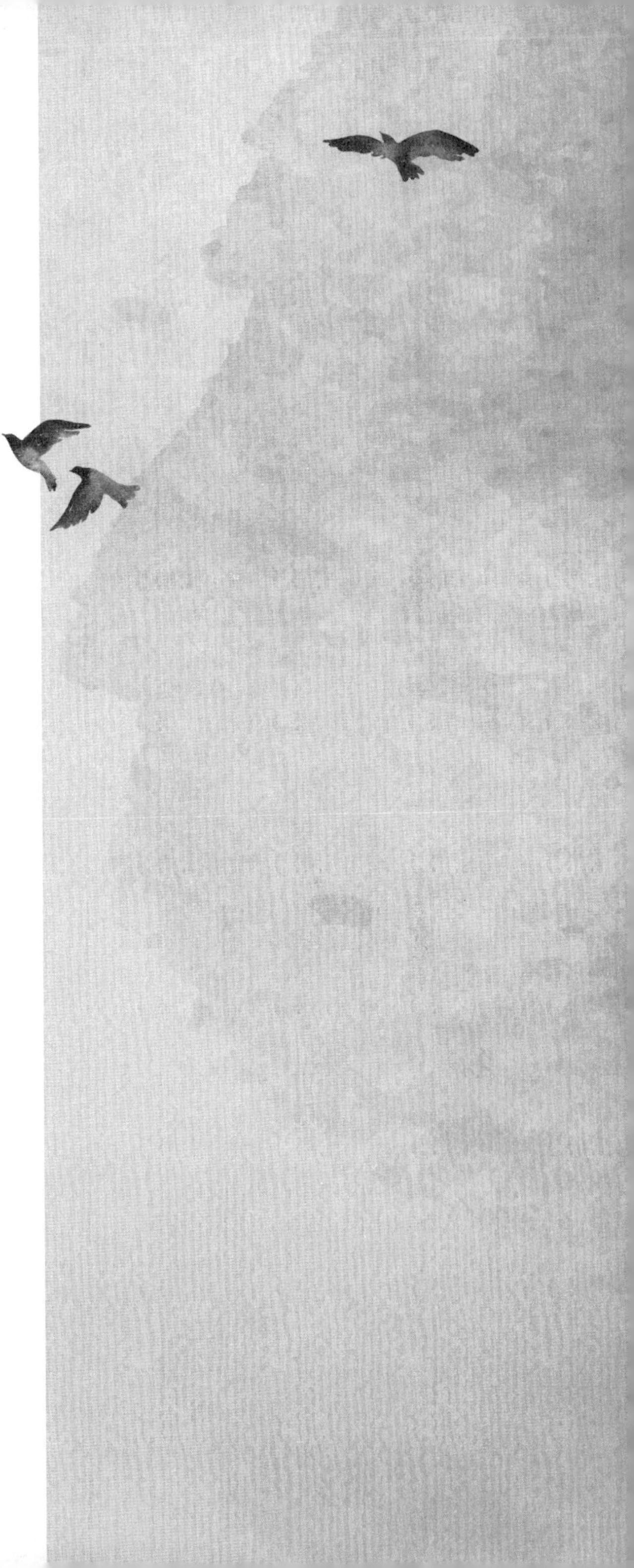

我們都活在「共業」之中

少子高齡化是日本的一大問題，專家學者對這種現象的成因進行各種研究，等他們找出解決方案後付諸實行，也不保證我們能活著看到問題解決。

話說回來，逃避問題也不是辦法。與其抱著不安生活下去，思考如何處理即將面臨的問題，更為重要。

佛教有所謂的「業報」一說，在日文中常被當成「業障深重」，這種是因果報應的負面詞彙，本來梵文單純是「行為」的意思。亦即一個行為對接下來的事情造成影響，好比活動身體就會肚子餓，肚子餓就要吃飯，吃完飯就要上廁所。

有些可疑的占卜師或神棍，常用業報之說來威脅老百姓。例如，你祖先的業障（行為）對你產生不好的影響等等。請各位注意，「業報」這個詞，不光光只是用來形容這種事情的字眼。

而這樣的業報之說，不只適用在個人行為上，同樣也適用於自然環境和社會形態。對於我們無法改變的周遭狀況，也能以業報稱之。舉例來說，櫻花開了我們就想去賞花，名峰當前我們就想去爬山，炎炎夏日我們就想去游泳。同理，這個社會大家都在開車，因此容易發生交通事故；人人追求高學歷，補習班也愈開愈多。像這種某個時代或地區共同的業報，就稱為「共業」。

少子高齡化的社會，也是全體社會的共業。而這個共業，引發了沒有年輕人看護老人的嚴重問題。

有人擔心，再這樣下去會變成老人互相看護的窘境，又不能棄老人於不顧。老人互相看護是個人的問題，但是要消除這份不安，就得深刻體認到自己生在這種時代和國家的共業。

與其整天幻想自己生在大家庭時代，不如認清自己只能活在共業之中，好好地思考該怎麼辦才好。

下一節我們再來討論。

孝道，做做樣子就夠了

有一部《父母恩重經》創於中國唐代，並在奈良時代傳入日本。當中，寫實記述父母生小孩之後嘗到的辛勞，對於父母年老的際遇也有很辛酸的描寫。

父母年紀大了，精神大不如前，子女到了深夜，也不會來關心父母。

父母成為鰥夫或寡婦之後，就被孤單地留在空房裡，活像一個旅人住在陌生的旅店。潮濕的寢具冰冷，衰老的身上爬滿蝨子和跳蚤，癢到一整晚都睡不著。

為此，老人家長嘆了一口氣，不知自己前世造了什麼孽，才會生下這種不孝子。

偶爾還會氣到破口大罵、橫眉怒目。

媳婦被公婆責罵，也只是嘻皮笑臉地低頭道歉。

父母生了十次重病，兒女有九次沒來探望。而且對父母一點也不孝順，動不動就生氣責罵，要父母快點死一死，不要活著丟人現眼。

聽到子女如此絕情，父母難過地哭著說，若非我生你養你，你豈能有今天？早知道就不要生你這種不孝子了……說著說著，父母哭到眼睛都腫了。

這一段帶有儒家寓意的內容，重點在於警惕子女不孝，而非勸人孝順父母。年過五十的為人子女或父母，讀了大概都有很深的感觸吧。（網路上有全文可供查照）

其實父母和子女都有各自的難處，當雙方的難處互相衝突，許多人難免會忽略父母，或冷淡對待父母吧。

不過，**要改變老人家的觀念，就有可能否定他們過去的人生經歷，強迫老人家這樣做實在太殘酷了一點。父母只是希望子女溫柔相待而已，大家就做做孝順的樣子，盡量溫柔相待吧。**

家族問題也該讓外人分擔

許多人認為，照顧家人或配偶是天經地義的事情，孝順父母和愛護家人更是天大的善行。若把親情放在第一位，或許有人會對孝道外包有罪惡感吧。

可是，日本是全球第一個步入超高齡化社會的國家，到處都有前所未見的現象發生。例如，看護不支病倒，或是看護和患者都罹患認知障礙等等。這些世界最先進的案例，勢必成為其他國家的借鏡或警惕吧。

政府提出各種的解決方案，可惜從看護設施的職員待遇，乃至接收設施不足等問題，都來不及處理。

這種情況之下，地區統括的支援中心值得仰賴，他們負責提升居民的保健、福利、醫療，以及防範虐待、失能預防管理等業務。中心裡有安排社福人員、保健師、主任看護專員等專業人士。這是二〇〇五年的日本看護保險法修正之後制定的，之後也有持續地進行改善。

順帶一提，根據二〇一一年的日本修正案，除了照顧地方上的老年人以外，醫療社福機構互相合作，提供整體服務的「地區統括看護系統」，也在積極推動。

不要等到看護過勞再來想辦法，家中有人需要醫療照顧的時候，就應該找這一類公家機構商量了，這才是實際的作為。病患與看護表達自己的需求，請公家機關提供建議，這沒有什麼好丟臉的。

商量的結果，萬一必須選擇居家看護，那也只能當成生在這個時代和國家的共業了。做好被拖累的心理準備，也是無可奈何的悲哀。

在萬般無奈之中，**只求「竭盡所能、問心無愧」的充實感**就夠了。

「顛倒夢想」只是徒增困擾

有一位寺廟的副住持，在四十多歲時住院治療癌症。他每天悶悶不樂，煩惱自己死後寺廟和家人該怎麼辦，別人看了都替他感到可憐。

不料，某天早上他笑容滿面，連前來問診的醫師也大感意外。醫師看他精神不錯，問他是否遇上了什麼好事，他拿出一封信回答。

「昨天我父親寄這個來，裡面是一封信，你看。」信上只寫著一句話，**「活著的時候就好好活著。」**

「這句話真有道理，我明明還沒死，卻整天煩惱死後的事情。」

聽了這個故事之後，我在紙上寫下：**「放心，人在死前都活得好好的。」**來提醒自己。

那位副住持煩悶苦惱的狀態，在佛教稱為「顛倒夢想」。忽略現實因素，整天不切實際地自尋煩惱，後悔無力改變的往事，揣摩不可預知的將來，這樣心靈豈能保持平靜？《般若心經》提到，破除顛倒夢想和面對現實，是需要智慧的（思考能力）。

以剛才的故事為例，那句：「活著的時候就好好活著。」看似平淡無奇，卻意外引出副住持的智慧。

沒有子女的夫妻，煩惱將來無人養老也是顛倒夢想。畢竟他們還沒有真正變老，萬一沒有親人照顧自己，也可以趁現在做好準備。思考一下自己需要多少錢，夫妻一起住入看護中心也不錯。沒有閒錢的話，就必須活用僅剩的資金，甚至做好饑寒交迫的心理準備。

至於墳墓，事前找和尚或殯葬業者商量也行。過去有一個很偉大的和尚說過，自己的遺骸隨便丟棄即可。他不是嫌麻煩才這樣講的，而是秉持著寬宏的世界觀、宇宙觀、生命哲學，才如此豁達。

光是煩惱是無法解決問題的，先整理將來可能發生的問題，趁現在思考應對之法——這也是佛教所說的智慧。

看看父母，反省自我

過去人們平均壽命只有七十歲的年代，有一句格言是：「不要責罵小孩，你也曾經是小孩；不要嘲笑老人，總有一天你也會是老人。」那個年代大家的心靈比較寬容，遇到糟老頭頂多苦笑一下，略表無奈。

現在年輕人可沒有這樣的修養，老人家的任性令他們火冒三丈。那一句格言的後半段應該改成：「不要討厭老人，總有一天你也會是老人。」當作我們未來的警訊。

我的母親五十七歲死於胰臟癌，當年我二十六歲。我的父親七十二歲死於肝癌，當年我三十五歲。往往他們的年紀不算太大，但我不是沒體驗過他們的任性。從我懂事以來，他們就是相當任性的人。以我童年的角度來看，大人才是自我主張強烈的任性鬼。

大人會任性是有理由的，他們活到一把歲數，擁有自己的人生哲學（五十多歲的人也一樣會有自己的一套）。他們用那樣的方法順利活到現在，對自己的做法多少也有些信心。至少，以往沒有出過什麼大問題。

所以，當他們看到跟自己不一樣的做法，就會想教導對方。事到如今，老人家沒必要改變自己的做法，去挑戰嶄新的事物。過去他們都是這樣得到心靈安定的，也難怪了。這種態度在年輕人眼中，就成了任性和頑固。

教導我們各種道理的人稱為老師、先生，意思是比我們早出生的先進。其實寺廟的住持幹久了，我反而認為先逝的人，比老師、先生這樣的人帶來更多的領悟。總之，那些人生的先進似乎是用身教告訴我們，「總有一天你也會變成這副德性。」

我們對日益任性的父母感到憤怒，大概是對將來的自己，或是對五十歲以後開始任性的自己感到憤怒吧。

不要以為只有自己的做法才是正確的，請即早進行這種訓練吧。

改變惡劣親子關係的四大途徑

有些親子的爭執複雜難解，雙方變成老死不相往來的關係。所謂的複雜難解，在我看來純粹是固執己見罷了。

這時當事人互相責難，誰也不肯認錯。一般來說有意和解的話，就得找雙方都熟識的人來當仲裁幫忙了。可是就算化除爭執，只要引發爭執的思維不改變，想恢復過去良好的關係是有困難的。

彼此其實都瞭解對方的道理吧，但是瞭解不代表同意。正因為無法同意才會引發爭執，父母有父母的理由，子女也有子女的理由。以猜拳來比喻，就好像雙方都出石頭一樣。

無論原委如何，我們得效法仲裁者冷靜理清現狀，才有望達成和解。

第一，假設父母是對的，自己也是對的。

這種情況下，請先認同父母的道理，不要堅持己見，對他們溫柔一點吧，就跟布包容石頭一樣。

第二，父母是對的，錯在自己卻無法老實道歉。這種情況下，請放棄無謂的固執，乖乖地道歉吧。人過了十幾歲，就別期待父母溫柔包容自己的任性了。

第三，怎麼想都是自己有理，無法接受父母的道理。這種情況下只有兩種選擇，一是放棄和解，二是勸戒父母。父母不願承認自己有錯，那就只有放棄一途了。

第四，父母有錯，自己也有錯。這種情況下，請先承認自己有錯吧。**很多時候一方主動先認錯，另一方也會改變頑固的態度自我反省，化干戈為玉帛。**

我希望雙方都能出布，然後兩人握手言和啊。

兄弟姊妹的爭吵，都是各有難處

生養我們的父母衰老之後，子女就得肩負起看護的責任了。當然，能夠爽快地分擔看護職責是再好不過了。但是子女也有自己的生活，有時候難免協調不順，進而引發爭執。

看到子女為了自己吵架，父母大概會難過垂淚，早知道事情變成這樣，還不如趕快死一死算了。

我的父親肝臟動刀後才過一個禮拜，又動了一次手術，因此被送進集中治療室兩個禮拜。沒有窗戶的室內二十四小時燈火通明，血壓計又會定期壓迫著病人的手臂。這些異常狀態害得父親的大腦錯亂，罹患了集中治療室症候群。

後來，父親轉移到普通病房，嘴裡嚷嚷著要回家，還試圖從七樓窗戶跳下去。醫院本身有提供全面的看護服務，但是院方聯絡我們，最好暫時陪伴在父親身邊。

我們三個子女都已經成家立業，忙著養育小孩子。幸虧大家一起攜手合作，過了兩個禮拜的全天候看護生活。我的姊姊是家庭主婦，哥哥跟我也都是時間比較自由的僧侶，所以才能這樣照顧父親，我們的伴侶也提供了不少的協助。日本有一句古諺說，公公婆婆再可怕，好歹也是養育我們的長輩。當伴侶需要照顧父母的時候，也請各位爽快答應吧。

過去我們嗷嗷待哺，父母替我們把屎把尿。如今反過來照顧父母，這對子女來說，是很重要的孝行，有時間的話抽空照顧父母，實乃人之常情。

可是，自己賴以維生的工作有多少價值？把時間花在自己之外的人身上，又有多少價值？而我們願意花費多少時間做這件事？這些答案因人而異。換句話說，每個人都有各自的「難處」。

當這些難處互相衝突的時候，就會引發爭執。不光是兄弟姊妹之間的爭執如此，爭執的原因永遠是「各自的難處」。

不要太計較自己的難處，多顧慮對方的難處，這才是清閒度日的訣竅，相信大家都不希望惹父母傷心吧。

夫妻關係冷淡時，請試著回想原點

夫妻結婚之後開始兩個人的生活，生下小孩以後家族人數也增加了。等到小孩長大獨立，人數又漸漸地減少，再次恢復夫妻兩人的生活。小孩婚後搬回家住，生下小孫子，家族人數增加了。也許家族就像反覆膨脹收縮的生物吧。

小孩獨立之後，家中只剩下老夫老妻，這就是所謂的過度時期。夫妻本來就沒有血緣關係，小孩是聯繫彼此的牽絆。當小孩離家遠行，夫妻在家中相處的對象，就只剩下彼此。

這下情況可不妙了，過去努力工作養家的丈夫，就像被關在一個完全沒有東西可以分散注意力的和室裡，終日坐立不安。那種不知道該如何是好的心情，說真的不難理解。

佛教所有的修行和教義，都是在追求開悟這個目標（不管發生任何事情，都能保持心靈平穩的狀態）。佛教徒永遠都在朝這個目標邁進。

夫妻也是一樣的，兩人當初追求的目標，應該都是「一起獲得幸福」才對。養育小孩和努力工作，也都是為了達成這個目標。

新婚的時候，彼此眼中都充滿愛意的火花。但是有研究顯示，人類對同一個對象分泌戀愛賀爾蒙，最多只能持續三年。

小孩獨立或是夫妻退休以後，家中剩下老夫老妻，雙方應該一同找回初衷，確認彼此是朝著幸福邁進，我認為這是非常重要的事情。

慈悲之心能否發揮作用，端看雙方有沒有具備共通的條件。同理，當夫妻恢復兩個人的生活，彼此有多少共通的經歷就顯得很重要。

如果大家各過各的，自然無法溫柔款待或慰勞對方了。請盡量共有培養同樣的場所、食物、時間吧。

面對伴侶注意語氣，培養心性

有些人在公司獲得命令部下的權力之後，就以為自己也變得很了不起，對配偶說話也變成公事命令的語氣。他們大概不曉得一個大自然的道理，寄居蟹的大小不等於貝殼的大小。

夫妻是人生的伴侶，並沒有上下關係，這跟年齡大小或薪水領多少也沒有關係。彼此都是多虧了對方的付出才能專心工作，沒有人應該忍受另一半的命令語氣。

不懂得相敬如賓，還用公事的口吻命令對方，總有一天對方內心翻騰的怒火，會一口氣爆發出來。何時爆發誰也說不準，因此特別毛骨悚然。

相聲中有一個橋段是這樣的：平時妻子忍受著討厭的丈夫。有一次，趁丈夫吃完最喜歡的甜點之後，拚命地搔他癢。這種報復手段還算比較可愛的，還有人會策劃更可怕的報復行為。例如，丈夫住院不方便活動，請妻子幫忙倒一杯水，妻子默默地把水放在他拿不到的地方，然後直接走出房間。

反過來說，在職場被人頤指氣使的人，回到家可能會作威作福，也就是在家一條龍、外出一條蟲。面對這種人，伴侶大概會以寬大的心胸包容他一、兩次，畢竟他能作威作福的地方只剩下家裡了。請注意到這一點，並且感謝伴侶的包容，自然就會減少命令的語氣了。

日文中的語言稱為「言葉」，這個「葉」字是指，本體末梢的意思，跟日文的山巔、刀尖、牙齒的語源相同。

語言（言葉）的本體是心，我們有一顆自以為比對方了不起的心，語言受到心境的影響，才會變成命令的口氣。如果不改傲慢之心的話，整天為自己的失言進行道歉，也沒意義。

有些人常說語言會傷害別人，是很恐怖的東西。其實**語言並不會傷人，有這種心態才會傷害和侮辱別人**。

所以，好好地培養心性就不用擔心禍從口出了。

察覺言外之意

古往今來，似乎都是女性在推動社會運轉的。

所有的男性都是女性生的，世上的男人再怎麼努力，面對女人還是抬不起頭來，這也是無可奈何的事情。

大家可以發現，去購物商場的時候，裡面幾乎沒有專賣男性物品的商店。丈夫們就坐在長椅上被購物袋包圍，不知所措地等著太太們繼續拿東西過來放。這真是和平的日本才有的情景。

不管是當太太的駝獸或司機，各位丈夫們願意一起逛購物商場還是很了不起的。有的丈夫不陪太太買東西，就連太太想去旅行，也只會意興闌珊地叫太太一個人去，然後說自己很累，對旅行沒興趣。各位丈夫們千萬別變成這種人。

太太看到美食節目，覺得介紹的東西似乎很好吃，你千萬不要一臉無趣地說，那些主持人都是騙人的，這樣的回答也不理想。

當太太說，親愛的你似乎很忙碌呢？你絕對不能回答，是啊，真的有夠累的。像這一類無可救藥的答覆方式，都是不行的。

前面提到的例子，都是所謂的標籤問題。太太的語言不是她們真正的心思，而是附在本體上的小標籤。不順著藤蔓摸瓜查出她們的真心話，是會出大事的。這個道理我一直到四十歲才明白。

太太說想去旅行，她真正的意思是，「想跟你」去旅行。你要拒絕好歹也加上一句，我也希望可以一起去呢，真遺憾……這才符合禮儀。

太太說美食看起來很好吃，她真正的意思是，叫你帶她去吃好料的。所以乖乖地帶她去吧，或是陪她在家一起做料理才是正解。

她想跟你一起出去玩，而暗示這個心思的標籤是，為什麼你都沒有空呢？因此，你千萬不能回答你很忙。

這些小地方不多多留意的話，在不久的將來你就等著收離婚協議書，或是面對夫妻形同陌路的可怕結局了。請務必察覺對方的言外之意啊。

要不要繼續當「家人」，你自己決定

許多人都很關心，僅此一次的人生該如何過得有意義。我們在年輕的時候，會煩惱自己的抉擇是對或錯；等到五十歲我們懂得鑑往知來之後，也會開始思考剩下的人生該不該就這麼過下去。

其中，有些人會對自己的婚姻生活存疑，猶豫是否該繼續跟伴侶在一起。夫妻之間，一旦有了細小的裂痕而沒有修補，裂痕就會愈來愈大。哪怕是結婚時曾經許下海誓山盟，發誓要帶給對方幸福的恩愛夫妻也一樣。

任性的緣木求魚，是其中一種裂痕。很不可思議的是，人總覺得自己缺少的東西最美。

跟溫柔的人在一起，就認為強硬、自私又豪放的人特別有魅力。跟有錢人在一起，就認為沒錢、卻過得很快活的人特別耀眼。看到伴侶的酒品不好，就希望有個不會喝酒的伴侶。

緣木求魚的人知道自己很任性，他們不肯正視伴侶的優點，只會放大伴侶的缺點，就是想掩飾自己的問題。如此一來，就能作為移情別戀的藉口。

就算離婚之後跟別人在一起，他們肯定也會喜新厭舊，繼續緣木求魚。換句話說，他們一輩子都得不到幸福。

有一次我參加婚宴，某個來賓在致辭時說道。

「我離過兩次婚，聽我的準沒錯。換了一個人，也差不了多少。」

如果你跟某個人結婚，真的受不了對方，那麼離婚之後，你就排除了煩心的要素，可以得到舒適的時間和空間。

不過代價是，你在經濟和精神上必須自立，並且做好有可能孤獨終老。若有這種心理準備，離婚或許是對彼此都好的方法，至於該怎麼做才好，決定權在你。

不要期待子女的答覆

父母對子女究竟該抱持著多大的責任和擔憂？

從法律的角度來看，子女在成人之前父母都有照顧的責任。但是就道義上來說，有人認為在子女獨立、結婚之後，甚至是孫子出生之後都還是有責任，答案是因人而異的。

這跟你自己讓父母操心多久，以及你何時讓他們放心也有關係。不管時間是恰恰好，還是太久或太短，父母都是我們的好榜樣。

有些子女替父母辦理法會時，我會對他們說，祖先們忙著修行追求心靈上的平靜，所以沒有時間替各位操心了。

我一直到三十五歲左右，才明白操心和關懷的差別。

操心，操持之心必然會期待回報。

當父母擔心子女在公司（或學校）的情況時，他們一定想聽到美好的回答。萬一聽到子女的工作或學業不順，得到的不是他們要聽的答案，就會氣得破口大罵。

操心有很麻煩的一面，得不到預期的答覆就無法滿足。不過，多數的子女難以給出父母期望的答覆。

關懷，就不需要答覆了。父母只要在言談中，稍微提到具體的事例和解決方法就行了；例如，告訴子女，過去公司有人犯過什麼樣的錯誤等等。再來就看子女本人了，父母已經種下預防失敗的種子，該如何培養種子讓它開花，則是子女的問題了。

所以，**與其等待美好的答覆，不如給予不求回報的關懷就好**。當我領悟這個道理之後，心情變得非常輕鬆。我相信忙著修佛悟道的祖先，一定也懂得這個道理。因此我才會告訴親屬，祖先只會關懷我們，不會替我們操心。

不要替自己的孩子操心，期待他們給出美好的答覆。各位不妨以父母為範本，盡早給予不求回報的關懷吧。

「子女」是父母的生存意義

支持我們的「生存意義」和「成就感」並不少。存錢、工作、興趣、自我表現，算是最基本的，也有人把義工活動這種助人為善的事情，視為自己的生存意義。

這些東西只要分配得當，即使缺了一種也不至於無法自處。

不少人都說，子女獨立以後他們寂寞得不得了。這就跟義工活動一樣，他們以父母的身分支持子女，這個行為本身也是支持自己的重要支柱。

當其他支柱跟著消失，他們會感到焦慮也是在所難免，這是一種廣義的喪失感。

回到家以後，沒有子女會歡迎他們回家了，一大早也看不到子女睡眼惺忪地互道早安了，陽臺上就只有父母的衣物在飄揚……過去那些司空見慣的情景都不見了。

我知道大家可能會罵我講話不吉利，但是這種喪失感就是「該在的人不在了」，跟親朋好友去世的情況很類似。

我在葬禮或法會上，會傳授大家幾個撫平喪失感、重新踏出人生新篇章的法門。

要撫平喪失感，就得瞭解已經不在的人所帶來得好，然後在心裡為自己加油打氣。以親人去世為例，我們要替親人祈禱，請他們安心追隨佛祖的指引。最後我們要在悼念中，發誓過好自己的人生，告訴他們不必擔心，總有一天我們也會過去團聚。我們要充實地過日子，到時候才有許多的故事可以講。

如果是子女獨立的情況，那麼**第一步就是要重新體認，以往的快樂時光多虧了子女的功勞。接著鼓勵自己振作起來，請子女不必替我們擔心，我們會永遠等待他們歸來，並且秉持這種心情踏出嶄新的一步。**

為人父母也要過上快活的日子，這樣子女才會有一種有家可歸的安心感，大家千萬不要輸給長大獨立的子女喔。

讓子女可以輕鬆回家

有些父母很寂寞地跟我說，子女結婚以後愈來愈少回家團聚。偏偏他們又不好意思主動去探望，不然子女的配偶又要費心關照。到頭來，他們只好苦苦地乾等了。

於是我告訴他們，子女也有子女的難處嘛，可能他們要忙著招待朋友，或是想在家裡好好休息一下。

那些父母也不是無法諒解，但是他們還是希望一年能跟子女吃上四次團圓飯。

聽到一年四次，我就想到掃墓這件事。我擔任住持的寺廟，那些信眾一年最少會來掃墓四次（等於是來探望祖先），分別是歲末年初，還有春秋兩季的彼岸（日本的掃墓節日）。

活著的人不必顧慮墳墓裡的祖先，所以一年去四次。然而面對還在世的父母，子女的配偶就得費心顧慮，也難怪無法像掃墓一樣頻繁露面了。

首先，去配偶家總要準備一點伴手禮，人家說不用你也不能完全沒準備。再來，到別人家裡吃飯，吃完了也得幫忙收拾才行。就算父母表示他們自己慢慢收拾就好，子女的配偶也不敢直接走人，把收拾工作丟給老人家處理。

我們做長輩的讓晚輩如此費心，沒有體諒到這一點也就罷了，回程時也沒給一些小禮，又不懂得感謝人家撥冗拜訪，這樣誰會想再來呢？**家，還是要營造出充滿人情味的氣息，子女才會覺得來拜訪是正確的決定**。

例如，你買到了好吃的山珍海味，邀請子女和配偶來享用也不錯。或是父親（母親）聯絡子女，要子女回來替母親（父親）過生日也可以。

不趁早培養溫暖體貼的關係，小心死後也沒人來掃墓。這樣不僅孤墳中的父母寂寞，子女也會過上孤寂的人生，這是我身為住持最擔心的事情。

感謝一家團聚

有些子女可能覺得家裡很舒服，他們寧可靠打工維生，也不願自立。看在父母眼裡，子女像寄生蟲一樣啃老，收入又不足以獨立，實在是太丟人了。也難怪父母會想破口大罵，小孩到底在想什麼？

其實這個語帶不屑和令人愕然的問題，是一個非常重要的思維。任何人都不可能完全沒有一絲想法，他們不聽別人的勸導是有理由的。

好比子女不肯讀書，你不思考他們不讀書的理由，光是痛罵他們也沒有用。子女可能現在不想讀書、嫌麻煩、不懂課業、想做更開心的事情等等，仔細檢討還是有理由的，只是那些理由父母無法諒解而已。

所以子女也不是毫無想法，隨便賺一點零用的薪水，故意賴在家裡不獨立的。或許他們也有自己的理由。好比，當不上正職員工、想要自由的時間、不曉得自己適合什麼工作，跟父母一起住比較輕鬆等等。

首先，我們應該確認子女的理由是什麼。當父母的多少都知道理由是什麼，但是那些理由在我們看來無法接受，因此要進一步追問才行。

例如，你可以問子女，他們打算什麼時候才要獨立？如果他們回答，等有本事賺到足夠的房租和零用金，就要搬出去，那事情就好辦了。這時候你再問一句，他們要如何賺這筆錢？他們要是說不出個所以然，態度也很不耐煩，這就代表家裡的環境不再舒適，他們總會想辦法離開的。

倘若子女還是賴在家裡不走，請他們分擔伙食費、水電費、地價稅等生活費用，也是一個辦法。你不妨直接告訴他們，他們也不是小孩子了，從今天開始要幫忙負擔家中開銷。

二〇一六年，我最大的兒子已經三十一歲了，三個小孩都還待在家裡，我也沒有用前面提到的方法對付他們，畢竟一**家團聚是一件幸福美滿的事情**。

每個人過得都是各自的人生

根據二〇一〇年統計，五十歲還沒有結過婚的比例，男性占百分之二十點一四，女性占百分之十點六一（資料來自：日本國立社會保障・人口問題研究所《人口統計資料集》）。這個數字會增加到什麼地步，日本又會成為什麼樣的國家，這都是日本史上前所未見的問題。

對於昭和出生（一九二六年至一九八九年間）的雙親或祖父母來說，沒有成家立業（或不打算成家立業）的子女或孫子是一大隱憂。日本 NHK 在一九八四年進行的「現代家庭調查」顯示，認為結婚是理所當然的人，占了百分之六十一點九；認為不一定要結婚的人，占了百分之三十四點三。二十四年後，二〇〇八年的「日本人觀念調查」顯示，認為結婚是理所當然的人，占了百分之三十五；認為不一定要結婚的人，占了百分之五十九點六。

關於結婚的優點，前兩名依舊是：「擁有自己的小孩和家庭」以及「精神上的安定」。「能得到社會上的信賴」是昭和時代的主流答案，如今這個答案的名次愈跌愈低了。另外，關於單身的優點，分別是：「行動和生活比較自由」、「經濟上比較富裕」、「不用扶養家人很輕鬆」、「方便維持廣泛的人際關係」等等，多半是一些在父母眼中很荒唐的理由。（將來有心結婚的未婚人士，男女都降到九成以下了）

跟結婚觀念大相逕庭的子女住在一起，父母會焦躁也是在所難免。我曾經問我的三個孩子，我明明做了一個好榜樣，讓他們知道結婚有多愉快，為什麼他們還是不結婚？結果他們回答，那是他們自己的問題，跟父母無關，我真不知該作何感想。

不過，光看前面提到的單身優點，我也不忍心生孩子的氣了。現代人凡事都只顧自己，這種人結婚大概也會馬上離婚吧。

在子女獨立之前，父母都有責任照顧他們，這樣的想法我可以理解，**但是子女也不是小孩子了。該怎麼辦那是子女的責任，不是我們的責任**。父母應該好好享受自己的生活，死後在另一個世界，悠閒地觀望子女們如何度過自己抉擇的人生。

麻煩的親戚也該珍惜的「制約」

日文的「柵」字（制約的意思）在《大辭林》是指：「用來纏擾、挽留之物，難以斷絕關係。」

聽起來就有一種很麻煩的感覺，怪不得大家會想消除人際關係的制約。

不過，這是第二種意思。第一種意思是指：「在河中打入一定間距的木樁，添上木柴或竹子減少水流強度。」就好像河狸做的小水壩就是了。

如果放任水流沖刷，各式各樣的東西就會被沖走。柵，是用來阻止損失的產物。同理，沒有制約的話，人際關係就會像水面上的落葉一樣不斷地流走。有些人卻認為，不用在意人際關係還比較輕鬆一點。

可是，身為一個和信眾全家互有往來的住持，我不禁要問，這樣真的好嗎？不顧制約，沒關係嗎？給小孩子看這種榜樣，無所謂嗎？

我在葬禮上一直有個感想，很多的親戚在結婚典禮上根本不會出現，沒想到往生者讓他們統統都到場參加，實在太了不起了。

幾十年沒見的親戚或表兄弟，會仰望往生者的遺照，談論著遺族也不知道的話題。例如，他們曾經受過往生者的關照等等。有了制約，人的價值才會放大數倍、數十倍。

我很喜歡一句話：「家族是剪不斷、理還亂的絲線，這才是真正的家族，解開以後就分崩離析了。」這話確實說真不錯，換成親戚也是一樣，親戚關係一旦分崩離析，就很難恢復原狀了。

嫌棄親戚之間的交際麻煩而不相往來，這就好像在教導小孩子，麻煩的事情不用做也沒關係一樣。到頭來，子女也不會照顧父母，畢竟照顧父母也是麻煩的事情。

有些麻煩的事情不得不做，請做好心理準備，好好地珍惜人際關係的制約，豐富自己的人生吧。

不要無恥爭奪遺產

有的父母辛苦存下一筆遺產要造福子女或孫兒，卻不幸目睹親人醜陋爭產的模樣。想必父母在九泉之下也會落淚吧，那些爭產的人只顧計較得失，完全沒有心思去考量父母真正的用意是什麼。

我認為代替父母供養祖先，或是與親戚往來的繼承人，擁有較多的遺產是理所當然的。父母的法會和親戚交際的開銷（婚喪喜慶、新年拜會等等），都是不小的負擔。然而，法律沒有顧及這一點。

我的父母去世之後，姊姊跟哥哥還有我都有繼承權。身為長子的哥哥提議，找父親生前熟識的稅務士處理一切相關問題，也就是找個公正的第三者負責。這樣一來，誰也沒話說了，再多說，就是「任性」了。

有繼承權又如何呢？那些財產也不是我們自己辛苦賺的。不過是受惠於一段緣分，就能得到別人（父母）的財產，所以請不要再計較得失了。

可能有人會想，拜託稅務士還要多花一筆錢，這種人在分遺產的時候會特別計較得失。因此還是不要省這筆錢，找個公正的第三者比較好，這麼做才能保持心平氣和。依照法律效力繼承以後，其他人請從物質面和精神面支持法定繼承人。

我身為一位住持，並沒有直接介入信眾的遺產繼承問題。不過看到有權繼承的人，他們的配偶說三道四，我還是不免感到費解。那些財產又不是給配偶的，他們大概以為丈夫（妻子）的財產是自己的吧。

不要在背地裡動手腳才是聰明的做法，否則很可能破壞原本和藹的親戚關係，甚至造成夫妻不睦。請各位活得堂堂正正的，千萬不要讓九泉之下的父母感到羞愧。

不計較得失

再補充一點遺產的問題。

我擔任寺廟住持，多少會碰到信眾在父母死後引發遺產爭奪的問題。有些人只會主張法律上的權利，完全不管是誰在照顧父母，也不想想那些錢是誰出的。反之，也有照顧父母的人動用到父母的財產。

到頭來，有的家庭不肯共同舉辦父母法會，寧可各自為政。親戚勸他們，這樣做會讓九泉之下的父母擔心，但是正因為是親人，一度產生嫌隙的關係，便更加地僵持難解。

我曾經聽法律從業人員說，比起那些留有龐大遺產的富裕之家，每人平均分得數百萬的家庭，更容易起爭執。資產富裕的家庭，或許都過著不太計較金錢的生活，所以願意多分一些給照顧父母的人。

身為一位住持，我認為守護家族和祖先墳墓的人，獲得一定的金額是理所當然的。理由不光是舉辦父母法會要花錢。凡事繼承家業的人，也一併繼承了父母跟親朋好友之間的交際。例如，婚喪喜慶、中元歲末皆屬此類，這筆花費同樣驚人。我只是單純覺得，現行的遺產繼承法沒有考慮到這一點，實在太奇怪了。

擔心自己死後子孫會爭遺產的人，最好事先做好準備，以免子孫為錢反目成仇。具體方法是，盡量自己花掉就對了，反正沒錢就沒得吵了。第二個方法是，趁自己還活著的時候告訴子孫，敢爭家產的話，我保證做鬼都來找你們，然後生前以贈予的方式，分一分。

另一個讓爭產問題複雜化的原因，就是配偶利慾薰心。各位請不要打親家遺產的主意，否則家庭關係只會更加混亂。

從現在開始**建立溫暖的家庭關係，不要計較得失吧**。

04

人生緣，放它去

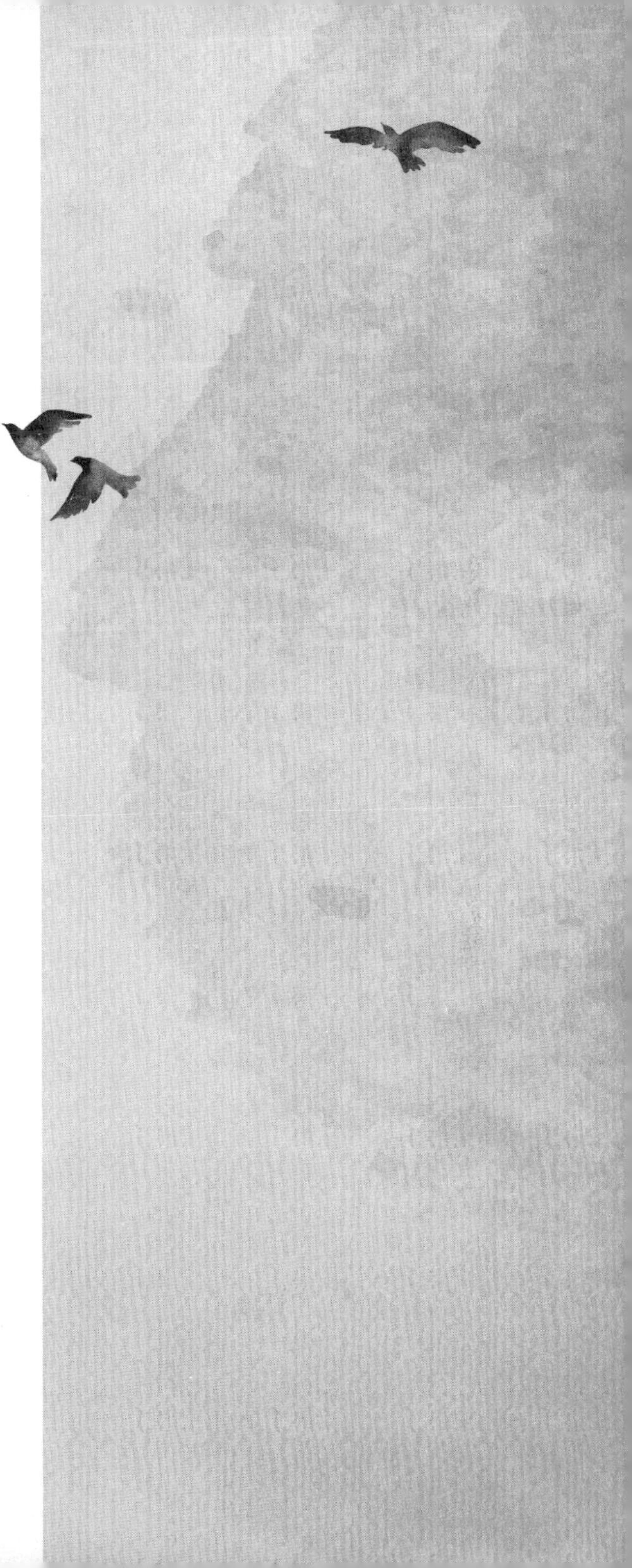

善用「空無」之心

非洲有一句古諺是：「一個人的死亡，相當於一座圖書館的毀滅。」年近半百的人生經驗，蘊含著大量的知識。

回首往事，我們也是跌跌撞撞，好不容易才走到這個地步。

姑且不論道理，每一項經驗法則都伴隨著一種「至少這是正解」的自信。

對於那些做事毫不拖泥帶水、沒有經歷重大失敗的人來說，他們就會主張，做事拖泥帶水絕對沒有好下場。

飲酒過量的人，隔天會苦於強烈的宿醉。這份經驗會讓他們提醒別人，喝太多酒不是一件好事，千萬不要喝太多酒。

舉凡砥礪人品的人生訓示，乃至食物的搭配方法、肥皂的製作過程等等，很多都是我們基於經驗法則得到的正解。而這種正解，對我們自己來說，才真的是正解。

不過，別人是否認同就另當別論了。不對，應該說每個人的經驗法則都不一樣，當不同的經驗法則對立的時候，就會發展成爭執。

佛教的空，是指任何事物沒有不變實相的思維。

對中年人來說，他們很不習慣的年輕人用語，如今也得到社會認同了，語言也沒有永恆不變的實相。**日本人畫的太陽是紅色的，外國人畫的卻是黃色。正確與錯誤也沒有實相，善惡也非永恆不變。**

我們自己也跟年輕的時候不一樣了，對吧？過去以為叛逆才是正義的人，現在搞不好覺得禮教法條非常重要。

自以為正確的人，總喜歡把自己的價值觀套用在別人身上。我們應該努力表達，那純粹是自己的觀點，以免跟別人發生衝突。

將挑剔的習慣，轉變成慈悲

人生活了五十年，接觸過的人愈多，愈會挑剔別人的毛病。那些舉止失當的人之中，也有值得我們學習的反面教材，讓我們知道什麼事不能做，要引以為戒。也多虧有那些推諉卸責的人，我才清楚認識到自己的職責所在。

有時候別人指出我們的缺點，也會幫助我們成長。例如，我以前不懂得認錯，動不動就怨天尤人，也不曉得如何拒絕對方要求；經妻子指點之後，我才改正過來。

有了這些經驗，我們對別人的缺點就會特別敏感，因為我們很清楚對方若不改正缺點，日後必定會吃苦頭。到頭來，我們變得愈來愈常挑剔別人的毛病。就某種意義來說，這是在擔心對方的將來，也算不上壞事，從佛學角度來看更是一種慈悲。（當然是一種很扭曲的慈悲就是了）

包含我自己在內，我要給喜歡挑別人毛病的人一點建議。發現別人有問題，不要直接責備對方哪裡不好。而是要細心傳授改正的方法，幫助對方改正過來才是。

根據我們自己的經驗，我們已經很清楚錯誤的觀念從哪裡來，也知道該怎麼克服了。活用這樣的知識，拯救那些很可能陷於苦難的人。如此一來，就是純正厚道的慈悲心了。

有一點要注意，就是不要用那種瞧不起別人的挑剔方式。例如，覺得自己跟某人比起來自己好多了，或者是炫耀自己沒有別人的缺點。這只會害你成為一個討人厭的傢伙。

自身的經驗，也會幫我們敏銳察覺到別人的長處，希望每個人都有誠心稱讚對方優點的肚量，稱讚別人並不會降低我們自己的身價。

將挑剔別人的缺點，用來警醒自我，或者可以幫助別人更上一層樓，這都是增加自我魅力的絕佳良方。

行為比虛榮心重要

年輕的時候愛慕虛榮，只是要讓自己看起來比較厲害，就好像生氣的貓咪豎起體毛，讓自己的身體看起來比較大一樣。可是反過來說，就是瞭解自己渺小才會虛張聲勢。有人領悟了這個道理，變得圓融成熟；也有人改不了虛張聲勢的毛病。現在回想起來，這種作為其實還挺可愛的。看了不禁令人莞爾，想見識一下對方是虛有其表，還是真材實料。

年過五十以後，還是有些思想幼稚的人，企圖表現出自己很了不起的模樣。跟年輕時不一樣的是，他們想證明自己行有餘力，威風不減當年，可惜下場多半是讓人替他們掬一把同情的眼淚。這就好比一輛老舊的火車跑在電車旁邊，死命鳴著汽笛爬坡一樣。當然了，要是爬得上去那也沒什麼問題。

良寬禪師留下的戒語當中，有幾句話很適合用來警惕愛慕虛榮的中老年人，我來介紹一下。

「說要贈予別人東西，卻沒有真的贈予。」

各位是不是心有戚戚焉，露出了會心的微笑呢？如果真的言出必行，那也就罷了，最糟糕的是一時衝動，做出打腫臉充胖子的事，到頭來，會被當成「只出一張嘴的人」，信用一落千丈。**上了年紀的人，更應該言出必行**。

「贈予以後卻到處說嘴。」

這一句是不是也打中了大家的痛處呢？如果整天誇耀自己賣出去的人情，拿這件事到處說嘴，很可能被當成「活在過去的可悲中老年人」。恩情是不求回報的，不是拿來賣弄的。

「一件事沒做完，又想做另一件事。」這是指做事虎頭蛇尾、三心二意的意思。

「佯裝見多識廣。」意指自己辦不到的事，還講得很厲害的樣子。

良寬禪師還真的是說了許多逆耳的忠言啊。

年紀大了，要懂得「容忍失敗」

妻子說，我是一個討厭失敗的人。聽她這麼說我才發現，凡事有輸贏的運動我一概不碰，基本上我不會跟人比試勝負。

我很想說，自己只是不執著於勝負，這種答案聽起來就很有佛教徒的風骨。但是真正不執著於勝負的人，跟別人爭勝負也沒什麼關係才對。後來我終於承認，自己不跟別人爭勝負，並不是執著於勝利，而是執著於「失敗」的緣故。失敗是一件很不甘心的事情，我甚至懷疑小時候玩遊戲失敗的經驗，是不是深入我的潛意識了呢。

學生時代我曾經很迷柏青哥，每次輸錢我就很懊惱，幾乎把所有的零用錢都賠光。我不是想贏，純粹是不想輸罷了。

五十歲以後，跟輸贏有關的高爾夫或者其他運動我也不玩。保齡球是自我挑戰運動，可以更新自己過去的記錄，這一項運動我就能輕鬆享受了。

等我瞭解失敗之後該採取何種反應，我才有辦法跟家人玩抽鬼牌、排七、疊疊樂、彈跳海盜桶等遊戲。

跟我同樣討厭失敗的人，如果擔心跟好友或鄰居比賽（例如打高爾夫），會打壞關係，不妨學習一下「爽快的失敗」吧。

也就是在自己輸的時候，懂得稱讚對手。例如，抽鬼牌輸了，就稱讚對方牌運驚人，明天很適合去買樂透；排七輸了，就稱讚對方運籌得當；玩疊疊樂輸了，就稱讚對方抽積木的技巧高超；玩海盜桶輸了，就高舉拇指讚美對方吧。

小心不要跟別人吵架。**討厭失敗的人一旦吵架輸了，會記恨非常久。這是一種妨礙心靈平靜的煩惱**，與其騙自己吃虧就是占便宜，或是不吵沒勝算的架，完全不要跟別人吵架，還比較好。

消除語言的「變質」

在我三十歲的時候，某位大我十歲的和尚，告訴我一段很有趣的話。他說，「意志變質就是固執，德性變質就是毒性，語言變質就是怨言。」

後來，當我發現自己固執己見，就會反思純淨的意志變質的原因。「獨自奮鬥」，本來是純淨的意志，但是「獨自奮鬥」反過來說，就是「不求幫助」之意。這種意志太強烈的話，就變成固執了。獨自奮鬥的驕傲，將變質成內心的陰影。

領悟了這個道理，心情就會更加從容，不會拒人於千里之外了。固執的人就像全身多了一層防護罩，其他人沒辦法靠近。不要固執己見，周圍的人也很樂意幫忙，太固執只會換來大家的批判而已。

有德之人恪守謙遜之道是好事，如果為了滿足愛現的欲望，向別人炫耀自己的品性有多高超，那就變成了令人厭惡的毒性了。

當我開始領取書籍的版稅時，曾經擔心別人嫉妒我，還公開宣言那些版稅不會用在我自己身上。女兒發現我的德性變成毒性，她說我是以小人之心度君子之腹，最好改一改，別人對我怎麼花版稅根本就沒有興趣。

此外，我們都希望自己說出來的話，能獲得別人的認同和理解。這樣的任性之心，就會讓語言變質成怨言。

包含我在內，這世上有許多人都會怨天尤人。直到我聽過一句名言之後，心情頓時寬慰不少。那句名言是說，假設有人跟你抱怨，你就好心聽他抱怨完。然後告訴對方：「至少你是比上不足，比下有餘。」他的心情就會變好了。

抱怨跟尋求意見的商量不同，抱怨的人只要聽到有人比自己更慘，就會瞭解其實自己的情況沒有特別不好。

每當我想要抱怨的時候，就會先用這種方式說服自己。如此一來，脫口而出的就不再是怨言了。

陌生人亦有緣分

曾經有人說了一段話令我很驚訝，他說自己去文化中心學習，無緣認識什麼朋友或聊天對象。

為什麼我很驚訝呢？大家都在學習同樣的事情，如果彼此互相交流的話，一定更加開心，偏偏他就是不肯主動交流。

我很確信佛教所說的慈悲，是建立在瞭解自他的共通性之上。重點在於，你能否善待別人，如同善待自己。

例如，跟初次見面的人說，他長得很像某某藝人，或是他的名字跟你的朋友很像。用這種我們都知道的共通性當話題，即可拉近彼此心靈的距離。

陌生人一起搭電梯，互相談論天氣如何的話題，這也是在場所有人共通的話題。這就好比你在電車裡面，看到有人也在讀你在讀的書，內心就會湧現親近感一樣。

熟人之間聊到某個觀光景點的話題，例如自己去過哪些地方，或是什麼料理特別好吃之類的，也會聊得特別起勁。

去文化中心和大家參加共同講座，也有很多的共通話題。舉凡講師的服裝品味，乃至彼此上過哪些課程都可以聊。沒有注意到這一點，代表你是一個自我中心的人，你只聊自己感興趣的事情，未來保證會被孤立。

我總是**把自己擺在次要，努力接觸每一個剛認識的人**。

雙方可以聊的話題多如繁星。你可以先報上自己的出身地，再尋問對方打哪來；或是稱讚對方的衣服很漂亮，問問看是誰幫他挑的也好。

當然在這種情況下，先傳達自己的情報是一種禮貌，也才不至於失禮。你不主動打開心胸，對方也不會以誠待人。

對別人感興趣，進而產生慈悲心，全都建立在發掘彼此共通點的感性之上。

情緒起伏是同理心最好的證據

有些人以厭惡的口吻說，自己的情緒起伏比年輕時更劇烈了。

的確，我們容易因為一點小事就動怒，也許是比以前任性的緣故吧。我們用自己的方法一路打拚到現在，多少有點信心。也難怪遇到不同的方法時，就會以生氣的口吻，主張自己才是對的。我們變得很難接受別人的意見。

不過，我們的方法顯然不是唯一的方法，我們也差不多該有從容大度的氣量，鼓勵別人用他們的方法試試看了。不趕快進行這種練習，小心被當成食古不化。

感情起伏變大也有好的一面，不見得全都是壞事。容易感動哭泣，代表我們不但擁有明確的自我，還懂得對別人的際遇感同身受。

冷漠無趣的人，害怕代入別人的立場會失去自我，所以才有拒絕代入情緒的傾向。例如，看到舞臺劇裡演屍體的人在呼吸，就大呼不合理，來誇示自己的客觀性。這種人看電影或電視劇都沒辦法盡興。擁有明確的自我才能安心地代入情緒，釋放自己的感情去哭泣，這是一件值得誇耀的事情。

自從我二十五歲進入現在管理的這間寺廟開始，跟老人家相處的機會也變多了。多數的老人都是任性又頑固的人，但是也有人會設身處地替別人著想。我也想成為那樣的人，所以在三十五歲之後，我習慣寫一句話貼在告示板上警惕自己。那句話是說，**年紀變大真正的厲害之處，就是可以體諒更多的事情**。

體驗過失敗和悲傷的人之中，有人懂得把自己的痛苦，轉化成寬容原諒別人的失敗，他們都過著幸福美好的人生。

當你發現自己的感情起伏變大，請保留好的一面，並聚焦在壞的感情面上，在內心尋找任性的原因，你的人生將會變得一帆風順。

不要把「無聊」掛在嘴邊

我在上一篇裡也說過，擁有明確的自我才能安心地產生共鳴，或是代入情緒。容易感動哭泣就是最好的例子，打從心底歡笑也一樣。

有人感嘆，自己過了五十歲就很少真心歡笑了。他們對自己的將來感到不安，自我也開始土崩瓦解，也難怪他們沒有心思歡笑了。

或許，他們需要重新振作起來。

以積極樂觀的態度去思考也不錯。告訴自己船到橋頭自然直，如果真的遇到問題，到時候再樂觀處理就好了。不然，期待努力以外的機緣也是一個辦法。畢竟這世上有很多事情，光憑自己奮力掙扎也是無解。

肯定自我、滿足現狀，也是一個良方。

無法打從心底歡笑的另一個理由，就是我們開始用批判的眼光來看待世間萬物。

例如，覺得公司都很無情，出了事情總是翻臉不認人；公務員拿我們的薪水混吃等死；銀行只會剝削人民的血汗錢；行道樹種一大堆，秋天的落葉很煩人等等。這些看法也許是對的，但是一直用這種角度看事情，就沒辦法天真歡笑了。

久而久之，你會把抱怨掛在嘴邊，甚至把自己當成一個無聊的人。

你一定也看過很多人生的先進，自願選擇無聊的人生，整天抱怨生活無聊，對吧。如果你不懂得警惕自己，還以為年紀增長了就注定變得無法歡笑，那你自己也會變成那樣的人。

趁早回頭，剩下的人生才會過得開心。請在心裡尋找讓你無法真心歡笑的理由，拋棄那些固執吧。

年過五十大聲地歡笑，是不會有損失的。

不要在意臉上的皺紋，放開心胸，擊掌、大笑，又何妨呢？

今天，你跟鄰居打招呼了嗎？

整天忙著工作，就會疏於鄰里之間的交流。到頭來，就得面對自家地盤上沒有任何一位熟人的現實……

親密的關係並非一朝一夕可成，如果你覺得鄰居關係生疏是一大問題，那麼你最好趁現在就開始建立關係。

日本有一句古語叫：「村八分。」本來是指排擠某位鄰居，斷絕八大往來的意思（分別是：成年禮、結婚、生產、照料病人、房屋改建、水災救援、法會、旅行，這八大項）。剩下兩大往來為葬禮和火災救援，這些是當事人無法自行處理的問題，所以還是要有所交流。

現在這個時代不和鄰居交流也有辦法活下去。不在乎鄰里之間有沒有熟人，不想煩惱交際問題的人，只要有出事時得不到幫助的心理準備，其實也沒什麼關係。

希望在鄰里之間有熟人的話，請先從打招呼做起。

向鄰居請教問題的時候，請按照我們小時候學過的禮儀，先主動介紹自己。例如，先說明自己在這裡住了多少年，再禮貌地尋問對方住了多久；或是表明自己過去沒有替鄰里盡一分心力，如今該從何下手等等。有小孩子拿社區通知單過來拜訪，記得準備一些糖果給人家。我小時候很期待大人給糖果，還自願幫眾人發送傳閱的通知單呢。

要是住家可以養寵物，我建議各位養狗，養狗可以在散步時順便認識朋友（你要養寵物豬、鹿、企鵝都無所謂，能帶出去散步的都好）。

分送食物給鄰居，也是自古以來的交流手段。只是，象徵「長長久久」的搬家麵條（日本人剛搬到一個地方，習慣送鄰居麵條），也有人擔心被下毒而拒收。擔心鄰居拒收的人，不妨購買觀光景點販賣的名產、罐頭相贈。

接下來，慢慢地學習招待鄰居來家裡參加烤肉或派對。

重點是打開心胸，告訴別人「你不是危險人物」，讓自家地盤成為一個待起來很舒適的地方吧。

與人相處莫忘「律」字

住在公寓之類的共同住宅要顧慮很多的事情，非常不方便。

東日本大地震發生之後，宮城縣有一位寺廟住持，一個多月下來收容了幾十位災民，我曾過去拜訪過他，以下是他的對話內容。

到公共設施避難的人，並沒有聽從學校校長或公民館館長的指示。避難者幾乎是不理會的，凡事都以合議的方式共同決定。

寺廟就不一樣了，震災發生的隔天，我就規定他們一定要把鞋子都擺好。理由是，我認為鞋子擺好有安定情緒的作用。由於我是住持，所以大家都乖乖照辦，沒有人敢反對。

聽完這段話，我也開始準備把自己的寺廟當成避難所。反過來說，公寓之類的共同住宅跟公共避難所還蠻類似的。當中沒有像住持那樣具有決定權的領導者，房東或地主自然是另當別論了。但管理會是從居民之中挑選組成的，決定事情的方法也是合議制和多數決。

居民的生活方式各自不同，為了讓大家都能過得舒適，每個人都得讓步妥協才行。也就是認同「遵守基本公約」的共識，一起訂立住戶條款。舉凡，倒垃圾的方式、鄰居的噪音、抽菸問題。只要是居民表決通過的事項，就得乖乖地遵守才合乎規定，不想遵守就只好選擇離開了。

佛教有所謂的戒律。戒，是主體上應該遵守的原則，打破了也沒有罰則。律，則是共同體的成員必須遵守的條規，一旦違反就有流放或逐出門第的懲罰。

如果跟管理會或鄰居的關係不好，又沒辦法搬家，最好還是盡量妥協吧，否則無法在共同體待下去。

萬一被周圍的人當成怪人，**請先從整理自家門戶做起**。像這一類的事情，應該要養成公德心比較好。

期望未來的邂逅，遺忘過去的悔恨

埋首於工作之中，和老朋友的關係就容易疏離。年過五十以後，有時我們會很懷念以前的老朋友，不知他們過得好不好。

跟懷念的伙伴相聚是一件開心的事情。例如，同學會、老同事聚會等等。大家會稱呼對方以前的外號，或是直呼彼此的名字，不在意現在的社會地位，感覺就像時光倒流一樣。

我有一個高中時代的朋友，為人勤奮認真。他在畢業四十年之後，利用社群網站開設了一個社團。沒多久，包含我在內，已經有二十多人加入了。如今也有好幾個人和其他同學互有聯繫，我們也漸漸地查出那些音訊不明的伙伴身在何處。社團開設不到一年，大家還舉辦了一場同學會。

伙伴之中，有人曾經在網路上有不好的回憶，因此沒有加入，但是他們也表明會去參加同學會。除此之外，以前遭受霸凌或參與霸凌，至今依舊無法釋懷的人，大概也不會加入社團或參加同學會。畢竟不是每個人都有愉快的回憶。

想和老朋友見面的人，就要積極採取行動。你很快地就能找到幾個志同道合之士，將友誼自然而然地拓展出去。

能夠肯定現在的自己，也就能肯定過去的自己。因為無論過去是好是壞，若沒有過去的自己，也就沒有現在的我們了。

相對的，無法肯定現在的自己並非好事。這種人只會活在過去，緬懷往日的甜蜜時光；或是痛恨往事，認為自己現在的困境都是以前害的。

相信不少人都想和過去絕交的朋友重修舊好吧，但是對方有可能一直懷恨在心。遇到這種情形最好乾脆一點，認清逝者莫追的道理。

把歉意帶到九泉之下，是唯一的辦法了。

我和老朋友聯絡感情之餘，也很期待未來的嶄新邂逅。

想斬斷緣分，就得主動扮黑臉

有一句話是這麼說的，「想離婚的話，只要連續三天對伴侶說『我討厭你』就可以達成。」我是在結婚數年之後才聽到這句話的。早上起床先說一句，出門前再說一句，回家時也來一句，吃完飯洗完澡也別忘再說一次，睡前再補一句當晚安，保證任何人都不想跟你在一起了。

就連相愛才結為夫妻的男女，只要短短三天就會輕易破局，我到現在都還記得自己聽到這句話時有多麼訝異。順帶一提，如果妻子對我說這句話，我大概會跪地痛哭（假哭），求妻子不要說這麼殘忍的話，或是在家中貼上我們彼此依偎的照片吧。

我有很多跟老人家接觸的經驗，每年收到的賀年卡或慰問函中，有些人寫到他們要開始實踐斷捨離，來放空自己的身心，替自己的九泉之旅做好準備，所以未來疏於問候也請多多包含，結尾則是感謝過去的盛情關照。我認為這是很乾脆的決斷，因此我會寫上一封感謝和鼓勵的信函寄回去，順便告訴他們不必回信沒關係。

在這世上，有些活動或人際關係還是結束比較好。

我曾經聽年紀相近的好友說，他不想再跟某個朋友勉強交流下去，卻又不知道怎麼做才是聰明的做法。

我覺得不用斷絕緣分，在不會造成負擔的情況下交流就夠了，但是那位好友實在很想做一個了斷。我教他那一招「我討厭你」大作戰，他竟然任性地說，那個方法不夠聰明。於是我建議他寫一封假信件，就說他加入了一個宗教團體，而教祖大人開示，如果他跟某年某月出生的人交朋友，那個人會墜入地獄受苦，為避免好友墜入地獄，也只好忍痛斷絕來往了，最後祝福對方幸福快樂，從此不必回信。

（這個方法是否聰明我也不曉得，至少到目前為止他沒有寫信給我了）

想要斷絕緣分，又不想傷害對方，那就要有扮黑臉的覺悟了。

到陌生的地方，更該重視緣分

我有一位佛門前輩，職業是律師。他曾在五十多歲時，對信眾和親朋好友公開表示，六十歲時要把住持一職讓給副住持，做些不一樣的佛門志業。

到了五十五歲，他夢到奈良縣櫻井市的長谷寺十一面觀世音菩薩。菩薩要他在沖繩建立寺廟，並在寺廟內安排一個觀世音菩薩的小型聖地。

據悉，他的父親是前代住持，死於二戰的沖繩大戰。戰後，他的母親取得住持資格，辛苦拉拔孩子長大。或許是這份心念，感召了觀音大士吧。

之後，他一個人跑到無親無故的沖繩，尋找建立寺廟的候補地區。建造一座新寺廟，最少得花上三年。其間的收支與活動必須詳細記載，向自治團體提出申請，並獲得對方認可。自從真理教事件以來，這類審查變得非常地嚴格。

過程中，有人願意賣給他一棟類似高級別墅的建築物。整件事水到渠成，他在沖繩奔波了五年，終於在糸滿市建立一座寺廟了，或許是他的仁德使然吧。

同時，賣家也親切地指導他，來自日本本島的人該如何跟當地沖繩居民打好關係。對方不但陪他去和鄰居打招呼，還帶他去參加村裡的活動，幫他進行介紹。偶爾他還要拿著好酒，去參加地區的運動會等活動。活動結束後的慶功宴，也得帶著好酒出席才行。

透過這樣的鄰里交流，大家對他這個人的信賴，遠高過他的僧侶和律師頭銜。

有不少人厭倦了都市的繁忙生活，想要到陌生的鄉下享受第二人生，可惜一直和周圍的鄰居處不好。遇到這種情況，最好效法那位沖繩的寺廟住持，尋找當地有頭有臉的人物，虛心請教該如何是好。

厭倦人際關係而搬到鄉下生活，也得好好重視人際關係，否則也無法在當地生活下去。

不要進行不幸的比較

許多人都有所謂的自卑感，英文稱為 Complex。

小時候，姊姊和哥哥給我冠上一個很像妖怪的綽號，叫作「短腿豎毛男」。理由是我的腿很短，加上天生的捲髮性質，讓我整頭的頭髮都是豎起來的。現在回想起來，我真的很想稱讚他們太有創意了。

不過，當時對我來說是一個很大的自卑。也多虧了有這份經歷，我從來沒有開過別人身體特徵的玩笑。（畢竟那是當事人無法改變的事情）

高中上柔道課時，教練說腿短代表重心低，是練柔道的一大強項。這句話消除了我對腿短的自卑感，很快地就把它拋到腦後了。

至於倒豎的頭髮，在我中學的時候很流行爆炸頭，頓時我的髮型走在時代尖端，這個自卑感也輕而易舉地消除了。儘管我沒辦法撩起隨風飄揚的秀髮，但是也不用擔心髮型被風吹亂。（現在我都理光頭，什麼擔心都沒有了）

《般若心經》的最後一部分，記載了獲得智慧的真言。在敘述真言的經文中，有一句「無等等咒」。無等等，是無與倫比的意思。

等，是「竹字頭加上寺」，寺字本身並沒有意思，而是表示竹節等距、並排的意思。想要竹節等距、並排，就得拿不同長度的物品來比較。

所謂的自卑感，是跟其他人事物比較之後，自愧不如的意思。問題就在於「比較」。有位年過五十的人說，他長年來的自卑感到了這個年紀還是無法消除，實在太令人失望了。

在比賽中獲勝，也是消除自卑感的一種方法，但是人外有人、天外有天。反之，跟差勁的人比較，內心就會浮現低劣的優越感。

所以，**還是不要比較最好**。這也是佛教的立場，如此一來就不會有妄自菲薄的自卑感了。

不要害怕，人終究是獨立的個體

日本的三大話藝，分別是：搞笑的落語、憤怒的講談、悲傷的浪曲。同樣的主題，落語、講談、浪曲的著眼點不盡相同，各自都有演員和觀眾共同培育的獨特風格。

其中，浪曲是最新的技藝，頂多只有百餘年的歷史，號稱是融入三味線的綜合藝術。在這個世態炎涼的社會，悲傷的浪曲聽起來極為動人，請各位務必體驗一下。

（我很喜歡浪曲，每年都會找職業演出者，來寺廟舉辦三次公演）

許多浪曲源自講談。舉凡，忠臣藏、水戶黃門、大岡越前、一休、左甚五郎等故事，都可以在日本的文庫本中找到腳本。

這些講談中有一段臺詞如下。

「心酸悲苦不得訴，空有幸事無人聞，孤苦無依心慌度人生。」

每次跟三十多歲的單身好友喝酒，我都會藉著酒意講出這段臺詞。那些溫柔的好友會很配合地摀住臉龐，裝出哭泣的模樣。「心慌度人生」，這句話似乎讓他們深有感觸。

他們抱怨，一個和尚這樣傷害別人的感情，也不懂得溫柔安慰一下。

這時候，我就會對他們開示。

「既然對這種恐懼很有感觸，那就只好自己採取行動了。不是戀人也沒關係，找個伙伴就夠了。不要追求情歌裡的幻想，以為這世上真的有人能夠瞭解我們，要更實際一點。**人都是獨立的個體，無法互相理解是正常的，花上漫長時間彼此磨合調整，才是真正有趣的地方。**」

有些人害怕單身，卻又說自己沒有尋找良緣的精力和機會。其實人類世界男女各半，請主動尋找自己的伴侶吧。

（同性戀已有深厚的人脈網絡，這裡就不多提了）

事先決定由誰來送自己最後一程

某一場法會結束之後，餐會進行了半小時左右。一對與會的夫妻之中，丈夫對周圍的親戚發表了可愛的演說。

「人生啊，出生時是自己一個人，去世時也是自己一個人。」

這番話很有道理，一旁的妻子卻立刻說道。

「你說得對啦。不過呢，人死的時候，旁邊有多少人陪伴是很重要的。有多少人會來參加葬禮、多少人會來參加法會，也很重要。就憑你現在這樣喔，沒有人會來啦。」

那位丈夫聞言後垂頭喪氣，一副很寂寞的樣子。

某一次我演說時，一位三十多歲的女性問我。

「我目前單身，未來大概也不會改變。我沒有兄弟姊妹，父母也不跟親朋好友往來，我沒有其他親戚了，我很擔心自己臨終會是什麼情況。」

我回答她。「以前有句話是這麼說的，大家最好結交幾個醫生或和尚。人生的最後有一個精通醫療的朋友，就能安心委託對方治療。另外有一個當和尚的朋友，在臨終時也能受到關照。小姐，不如我當您的朋友吧……」

那位女性沒說什麼，只用一個美麗的笑容拒絕我的提議。

葬禮，並非佛教的重點所在。佛教舉辦葬禮，是幫助人們維持心靈平穩的手段。日本佛教對於死後的世界，懷抱著一種唯美浪漫的情懷。而**僧侶，是讓死者安心前往另一個世界的嚮導**。曾有信眾對我說，萬一他死了還請我多多關照，我跟他說。「沒問題，我會請佛祖指引你的。到時候我會幫你撿骨，請不必擔心。」

這裡所謂的「撿骨」，是指關照身後事的意思。

如果覺得單身迎接死亡很空虛，不妨趁現在找個和尚商量一下吧。

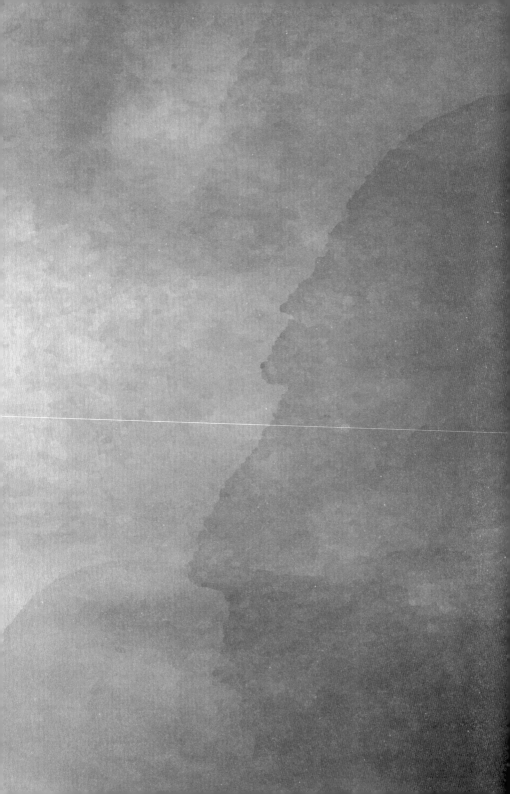

05

第二人生，悠閒過

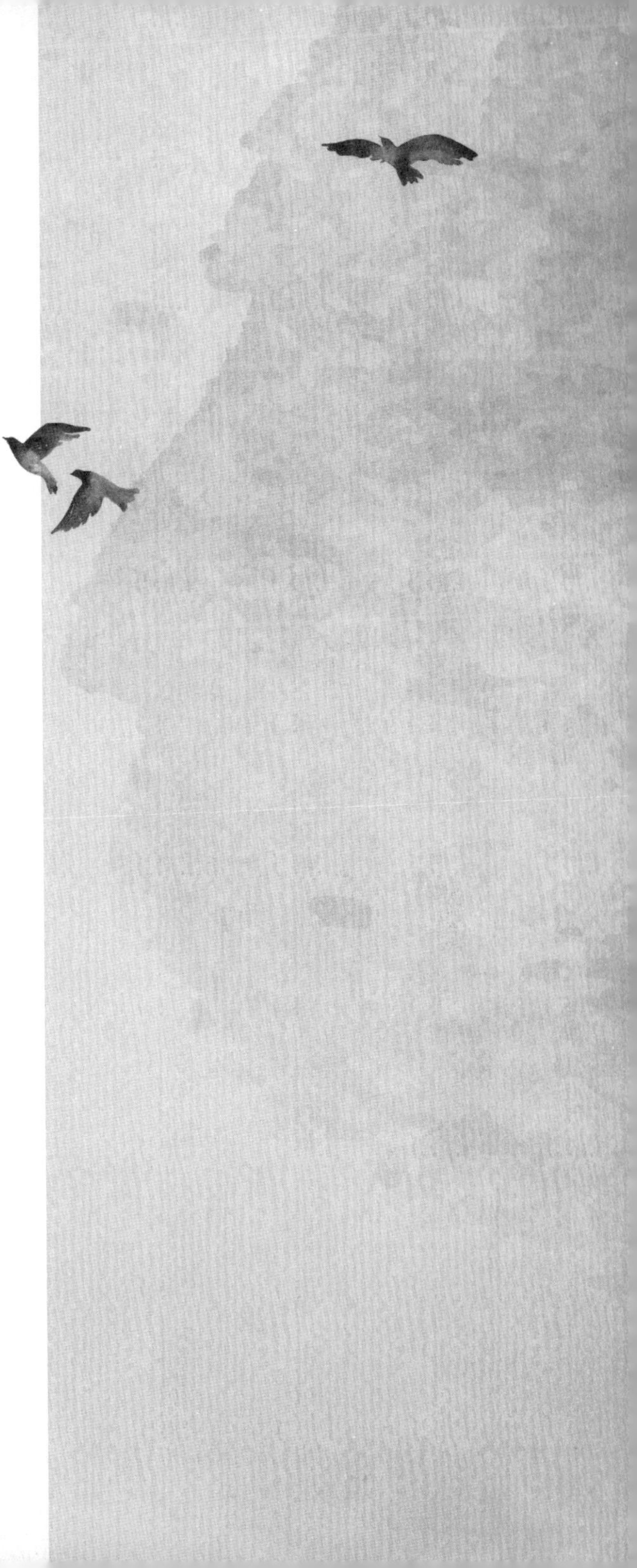

人生的終點，在退休之後

年過五十以後，有許多人擔心自己體力和思考能力衰退，不曉得能否撐到退休。對於一向努力工作的人來說，退休算是一大終點吧。

大家都希望在抵達終點時，獲得周圍的慰勞和稱讚。然後想像自己辛苦達標的充實感，彷彿參加一場名為工作的馬拉松比賽。

人生和工作，好比一場沒有練習機會的馬拉松。初次參加比賽，我們根本不知道該以什麼樣的速度奔跑才好。

看著那些人生的先進，有人在退休的終點之前力盡棄權，也有人拚死達標之後精疲力竭，還有人退休之後依舊活力充沛。

五十多歲是這場馬拉松的最終階段，有些事情我們必須重新確認一下。

亦即，我們的工作目標是平安幹到退休呢？還是退休之前有什麼想做的事情？

如果退休是你的目標，這就等於以跑完馬拉松為目標一樣。**時間快慢無關緊要，**

照著自己的步調工作就好，沒什麼好慌張的。請考量自己的體力和思考能力，慢慢地前行。

反之，如果你的目標是完成某件事情，這就等於你是以破紀錄或快樂奔跑為目標。那麼為了達成目標，你得動用一切的體力和思考能力。

無論是哪一種目標，在抵達終點時都會有慰勞和稱讚，我們也會產生一種成功達標的充實感，所以不必擔心自己能否撐到退休。

對於上班族來說，公司設定的「退休年分」有重大的意義。

不過，死亡才是人生的退休，那是任何人都必須經歷的人生賽事。想要拚死奔跑，還是慢慢地跑完一程，全看你自己。

秉持利行之心，度過第二人生

五十歲的我們一直努力工作，總算看到退休這一終點了。已經抵達終點的人之中，有人變得像行屍走肉一樣，也有人依舊活得神采飛揚。

看到那些人退休之後的態度，或許我們一方面希望年老後悠閒度日，一方面又想從事具有充實感的工作。

說到工作，很少有人能從事自己喜歡的工作，大部分人工作只是為了賺錢。所以退休之後，金錢就不是首要考量了，大家都想獲得以往求之不得的「充實生活」。

既然如此，我建議各位從事幫助別人的工作。一提到幫助別人，各位可能會覺得我在說教，對吧？其實我不是這個意思。

昭和末期的社會學成果之中，有所謂的「四大心願」。（這是我擅自命名的）分別是：①想獲得關愛（自己獲得注目的真切感受）、②想獲得認同、③想獲得稱讚、④想派上用場。

換成一般的白話，就是：「我一直在關注你喔（①），你幹得不錯嘛（②），你很了不起喔（③），你真是幫了我一個大忙呢（④）。」

很少有人會說出滿足我們四大心願的話，如果有人這樣讚美我們，我們大概會覺得活著是一件很棒的事情。滿足這四大心願，幾乎是我從小到大的生存意義。

即將邁入老年的成年人，還整天追求①關愛、②認同、③稱讚，這就跟一個幼稚的小孩子差不多。不過，剩下的**「想派上用場」**，**確實可以當成老年的生存意義**。**這一項能夠讓我們品嚐到活著的滋味**。

所以我才建議，第二人生最好從事幫助別人的工作，不要像以往一樣為錢而活。

佛教中幫助別人，謂為「利行」，就是一種菩薩之心的善行。

不要依賴「別人的評價」

前面提到了支持人心的四大要素，但是反過來說，當我們得不到關愛、認同、讚美、以及用武之地，或許就會認為自己再也活不下去了。

被人忽視冷落，甚至被當成從不存在的空氣，我們的存在感會蕩然無存。

萬一碰上裁員的困境，那種「被認同的感覺」也會消失殆盡。被別人否定自我、否定一切的努力，我們難免會感到失落。

得不到稱讚也就罷了，最糟糕的是自己的努力被視為理所當然，甚至被說成是幫倒忙，我們就會有一種自己完全被否定的感覺。被當成沒用的人偶，在別人眼中派不上用場、又礙事，內心會產生無依無靠的恐懼。

對於那些一向努力工作，多少有滿足四大要素的人來說，沒有工作的狀態，就好像被斷絕充實感的來源。因此，有些人無法接受「自己沒有工作」。

這時候我們需要佛教的世界觀，佛教要我們瞭解天地的關愛，而不要以別人的評價來肯定自我存在。也就是領悟天地對我們的認同和讚美，找出自己真正可以派上什麼用場。

輕撫臉頰的微風，沾濕肩頭的細雨，路邊的花草，早晨爽朗的空氣，這都是大自然對我們的肯定。變長的指甲和頭髮，自然恢復的傷痕，也是我們的生命獲得認同的證據。

除了自然界之外，社會的動態也與我們息息相關。我們有沒有工作，對政治和經濟的影響不大，但是**我們的存在也是構成世界的因緣**，這是無可否認的事實。就這層意義來說，**我們是很了不起的，所以請不要鑽牛角尖了**。

追求安定或變化，好好審視自己的基準

我們從年輕的時候，就培養出家族觀、人生觀、生死觀、宇宙觀等，各式各樣的價值觀。我是一名僧侶，擁有一般人不太會意識到的宗教觀和佛教觀。可是相對來說，我幾乎沒有關於一般工作的價值觀。

所有的價值觀都是一種「執著」，也就是凡事應當有何種面貌的我執。佛教認為不拋棄這些我執，就無法獲得解脫。

工作究竟是什麼呢？回答工作就是人生的人，如果少了工作就等於失去人生。把出人頭地視為工作意義的人，如果競爭失敗了，工作也就不再有意義了。年近退休的五十多歲中年人，說不定有必要改一改自己過去僵化的思維了。

我的一位好友因為銀行整合的關係，這輩子最多只能幹到分行的副行長，沒有辦法幹到行長了。他本人似乎也放棄了出人頭地的欲望，當然他還是很認真工作。每到週末，他會撥出更多的時間去衝浪，曬得一身黝黑加上健康的笑容，十分爽朗。

看到大家在探討自己的人生，我發現有不少人無法轉換價值觀，一直在自尋煩惱。有人抱怨工作缺乏變化，總是提不起幹勁；再不然就是抱怨自己升遷之後，完全適應不了新的工作。他們搞不清楚自己想要安定還是變化，甚至也不肯思考，這些對自己的人生是否真的重要。

追求安定的人，照理說不會反對惰性。偏偏安定久了，他們又任性地追求變化。反之追求變化的人，應該很喜歡接二連三的多樣化工作。結果工作一多，他們又任性地奢望惰性。

我們也到了提攜年輕人的年紀了，請多談一些多樣的工作觀或人生觀吧。為此，我們應該先懷疑，「凡事應當如何」的既定觀念。

做事方法，只留下「精要」就好

任何人都有一套自己的做事方法。當各位發現自己的方法不管用時，請想起「觀自在」這句話。

人生活了五十年，舉凡洗澡從哪裡開始洗、火鍋配料該怎麼放、信封該怎麼寫、郵票該怎麼貼、招呼該怎麼打，我們幾乎都有自己的一套。一旦碰到不同的方法，我們就會想指責別人是錯誤的。換句話說，這都是「執著」。

可是，號稱十年一世代的時代已經過去了，現在的時代就跟科技硬體一樣，說是一年一世代也不為過。我們耗費幾十年培養的方法，可能一年就失去功效了。

跟不上時代的變化，驚覺自己的方法跟化石一樣，這本身就是一件感傷的事情。時至今日，我還把筆電稱為打字機、衣架稱為吊衫架、光碟稱為唱片，常被大家笑話。

寫作的時候，我用起承轉合的架構撰寫，編輯建議我要先從結論開始寫，否則時下的讀者不肯買帳。可惜我沒那個天大的本事不顧讀者的口味，所以這一篇也是先從結論開始寫。

充滿我執的方式不管用了，其實也不用太感慨。**留下不願退讓的關鍵，剩下的旁枝末節順應時代或對象變化就好**。這就是所謂的「觀自在」了。

我認為結果不是一切，真正重要的是過程。所以，當我聽到有人說結果才是一切，過程並不重要，對此我也不置可否。不過，過程也是包含在「一切」之中的。因此，我會把那句話理解成講究過程、更要講究結果，並以這種方式認同對方所說的話。

宴會上遇到姍姍來遲的年輕人，我會依照傳統先罰他們三杯，但是時下的年輕人卻說，這是濫用職權。其實我的本意是要消除他們遲到的罪惡感，但是轉念想想，原來我已經有那麼了不起的職權啦。換個角度思考，就能老實道歉了。

請拋棄「我執」，改行「觀自在」吧，保證每天都會過得很開心。

隨時拋棄意見的覺悟

到了五十歲，也該懂得活用過去的經驗，榮任管理職缺、統領部署了。我們都希望社會或組織一帆風順，無奈這個世道會發生什麼事，誰也說不準。萬一碰上前所未有的困境，一向溫吞的我們大概會不知所措，搞得上上下下，雞犬不寧。而且因為擔任管理職，受到的譴責也特別強烈，有些人會發現自己缺乏應對能力，陷入自我厭惡的情緒之中。

這時候不要只仰賴自己的經驗，俗話說：「三個臭皮匠勝過一個諸葛亮。」最好多聆聽別人的意見來解決問題。

在日本開創真言宗的空海（弘法大師），曾於平安時代設立日本第一間服務平民的私立學校，名為：綜藝種智院。

他在開立宗旨上寫道，「未有一味謂之美膳、未有獨音謂之妙曲。」（從沒聽過有人光靠一種味道就煮出美味的料理，也沒有人用一種單調音色就演奏出美妙音樂）

要培育出優秀的人才，不能只鑽研一門學問，要學習各式各樣的知識才行。名僧空海用料理和音樂比喻這個道理，這段話很有他的個人風範。

一個人的經驗再怎麼豐富，終究也是狹隘的個人經驗罷了，也就是單調的味道和音色。如果碰到新的問題，光靠過去的經驗很可能處置失當，正所謂，「未有一味謂之美膳、未有獨音謂之妙曲」。

人非萬能，請各位捨棄位高權重的自尊心，謙虛地向上司、同僚、部下請教解決方案，發揮集思廣益的「整合能力」。然後，以眾人的意見為基礎，逐步實踐可行的優良方案。

倘若不幸失敗了，趕快再換下一個方法就好。

這種集思廣益的手法，在處理工作和人際關係的問題上也很有效。請各位盡量豎起耳朵，聆聽別人的意見吧。

在新天地找到優秀的顧問

在關鍵時刻成功跳槽是好事情，但是新環境可能出乎我們意料之外，令人無所適從。年輕時像候鳥一樣來去自如並不困難，偏偏五十歲以後精神逐漸安定，這時候跳槽也沒有多少前途了，精神上反而會更加不安。

在佛教的世界裡，也有一般百姓提早安排退休遁入空門的。所謂的僧侶，必須在十幾歲到二十幾歲時學習佛門知識，並且付諸實踐和累積經驗，這才算是合格的僧侶。不過，在僧侶的世界裡，四、五十歲也算不上多資深就是了。

年近五十歲才開始學習佛教或自己選擇的宗派，累積實踐和經驗之後，也快要七十歲了。如果只求個人開悟，這也未嘗不可；實際上，年近七十不僅沒有傳道濟世的時間，身體也不聽使喚了。

中年之後才成為僧侶的人，常會參加講習，努力用功學習。可是，一般的社會經驗在講習中完全派不上用場。這就好比跳槽之後，進入了一個工作常識完全不同的新職場一樣。

有些人在新環境裡用過去的經驗與人交往，結果被周圍的僧侶疏遠。根據我聽到例子是，搶坐在高僧身旁的人，免不了被非議「不懂禮數」。

這屬於焦慮衍生的副作用。因為他們自知光陰不多了，想要盡快獲得認同，成為獨當一面的佛門中人。很多人只顧及自己，沒有心去找一個願意指正自己的缺點、提供建言的人。我覺得這是很可惜的事情。

在新環境下定決心一展拳腳時，請先找一個優秀的顧問吧。**我們年輕的時候，可能會找到差勁的人選，被別人當成壞蛋的同伙。好加在五十歲以後，也有豐富的閱人經驗了。**

一到新環境，請趕快找一個優秀的顧問吧。

該走就走

裁員重點人物——第一次聽到這個字眼，我有一種說不出來的古怪感受。重點人物，本來是指「完成某件事情不可或缺的人」，就好比精挑細選的人才，或者得天獨厚的勇者，至少我是這麼想的。所以，我以為那是決定誰要被裁員的管理階層。後來，我發現那是指裁員的候補人員時，當真吃了一驚。

假設公司出於某些原因，認定你是不必要的存在，一介小小的上班族也沒什麼抵抗的能力。有人奮力抵抗，反而被拿來當成殺雞儆猴的例子也時有所聞。實際上，身旁要是有人被裁員，我們也會過得膽戰心驚，深怕下一個輪到自己。這時候你可能會想，早知道就去考公務員了，公務員就沒有裁員的問題。

如果公司願意幫我們找到下一份工作，那自然是再好不過的事。但是現實生活中，大概很少有這麼好的事情。（請原諒我是一個不諳人情世故的和尚啊）

我個人是獨立宗教法人的代表和住持，除非發生重大事故，否則是不用擔心裁員的。不過，宗教法人的法律規定，被判刑的人在服刑期滿前，不得擔任代表人員，所以我自己的未來如何也猶未可知。搞不好，檀家或信眾認為我沒有盡到該盡的義務，叫我滾出寺廟也是有可能的事情。

基於這一點，我開始思考萬一自己成為裁員重點人物，究竟是要主動求去？還是要抱著寧可被整，也要留下來的決心？

基本上，這是一個沒有正確解答的問題。應該說，選哪一個都是正確的吧。無法自己決定的話，也不要煩惱了，交給自己之外的人事物來決定吧。

我的話，絕對會擲骰子來決定的。例如，出現偶數就辭職、出現奇數就留下來之類的。用偶然來決定是最好的。不然，閉起眼睛隨手翻閱一本書，看到英文就辭職，看到中文就留下來也可以，若是看到圖片就重翻一次。

不管選哪一種，只要當作正確答案勇往直前就好了。

接受被公司拋棄的自己

裁員，就等於被宣判「你已經派不上用場了」，公司裁員有各式各樣的理由，但是我們失去了支撐生活的經濟基礎，在手足無措之餘，過去的努力似乎也被全盤否定，自信也就跟著蕩然無存了。

這就彷彿失去了立足之地，獨自被關在黑暗的深井中一樣。

精神科醫師庫伯樂・羅斯留下了一個研究成果，闡明癌症患者接受死亡前的心理階段，對患者的精神照護有極大的貢獻。

裁員就某種意義來說，形同死亡的宣告，被裁員的人也會經歷類似的階段，而這也是從黑暗深淵往上爬的階段。

第一階段是衝擊與否定。當我們遇上了出乎意料的事情，就會極力地否定，認為這一定是哪裡搞錯了。

再來是憤怒的情緒爆發。我們會憤憤不平，不瞭解為什麼倒楣的是自己，明明自己非常賣力工作。據說，處於這個時期的人會對周遭的人發脾氣。

第三階段是討價還價的狀態。我覺得這是一個尋求解釋的階段。我們會拚命地尋求解釋，瞭解自己被裁員的理由。好比追究自己為什麼被裁員？是不是哪裡做的不好？該如何改善才好等等。

下一個階段是憂鬱。無論找到哪種解釋，面臨裁員的結果依舊不變。接受了這一點之後，就會陷入憂鬱的情緒裡。

最後是接受事實。這個階段的人終於能接受裁員的事實，決心往前邁進。

每一個階段要經歷多久，因人而異。**冷靜分析自己處於何種階段，可以更快地到達接受事實的境界**。

碰到裁員最痛苦的是當事人，但是家人和好友也會非常擔心，請不要忘了周遭親朋好友的溫情。

順從自己的心意盡情工作

每次填寫職業登記表，我都遲遲無法下筆。說一句倨傲一點的話你別見怪，我認為僧侶是一種生活方式，把僧侶當成職業對我來說很困擾。不過，我也不是沒工作，所以到底該選填哪一項才好呢？

有一位婦女跟我說，她的丈夫是從事船舶工作的。我以為她丈夫是船員，沒想到竟然是小艇的租借公司。按照她的邏輯，我也算是自營業或服務業吧。

基本上，住持是沒有退休年限的（不消說，僧侶這種生活方式也沒有退休年限），除非地方上的人口太少，寺廟才會被廢除。至少，我擔任住持的寺廟還有兩百五十戶的檀家，目前還不用擔心「關門大吉」的問題。

不過，私人經營的自營業若找不到繼承人，早晚也是要收攤的。

至於何時決定收攤，《大日經》裡有一句：「如實知自心。」值得我們參考。這句話是說，我們的本心和佛祖的本心相同，瞭解自己的本心才是真正的開悟。

自營業可以做多久，這也關乎我們自己的意願。在健康許可的狀況下，或是在找到其他想做的事情之前，一直做到厭倦為止也行，總之有各式各樣的決定方法。

有一個和尚跟外國人坐禪的故事，很有參考價值，我來介紹一下。外國人問道：「說到底，我們最後悔的究竟是什麼？是已經做過的事情，還是沒有做過的事情？」和尚則回答：「**後悔的本質不在『做』或『沒做』，而是有沒有基於自己的本心**（指出自本能的意志、感情、信念、勇氣），選擇『做』或『不做』。」這是一段能夠幫助我們不悔的名言。

事與願違的時候，才能看出一個人的本質

不少人認為，年老之後也要繼續工作才行。有的人信奉「永不言退」的生活方式，也有人是要預防老年痴呆才工作的。

有一位婦人和丈夫的生意愈做愈大，七十五歲之後按照原訂計劃，把生意交給兒子負責，她信心十足地對我說：「住持，我的人生一向都按照計劃前進，這是我的驕傲呢。」

我的回答也許不太厚道，但我還是對她說：「是嗎？這是很棒的自信啊！然而，未來遇到出乎意料的狀況，才是見真章的時候。」

還有一位婦人說：「住持，我也八十歲了。到了這把年紀，我真心覺得身體健康是很值得慶幸的事，我只要身體健康就夠了。」

我這個不厚道的和尚又說話了：「原來如此，可是我們應該深思，萬一自己失去健康時該怎麼辦？太過看重健康，生病的時候就會意志消沉，難以接受現實。」

有些信眾表示，每個禮拜來寺廟學經和念經是他們的生存意義，我都會告訴他們。「當你們**遇到事情無法來寺廟禮佛，或是沒有心情唸經，這時候你們唸的經才會發揮真正的價值**。」

佛教的教誨就好比預防醫學，也就是事先砥礪心性，以備突發的意外，或者事與願違的狀況發生。

「年老之後還要繼續工作」，是十分了不起的念頭。

不過，請先做好心理準備。盡力工作就好，等到無力工作的時候，也千萬不要妄自菲薄。

對「不在頂點」感到驕傲

金字塔構造的企業中，不是所有人都有升遷的機會。大部分的人在退休時限到來前，都汲汲營營地爬向頂點。

五十歲也該看到自己辛苦的成果了。有些人努力付出卻得不到回報，從此一蹶不振。他們以狹隘的價值觀束縛自我，認為辛苦付出就是為了升遷。

古語有云：「以狹隘之辛勞，追求開闊之世界，皆為自尋煩惱。」

把這一句話的「世界」代換成「工作」，也是同樣的道理。我們可以說：「以狹隘之辛勞，追求開闊之工作，皆為自尋煩惱。」

在工作上有很多值得我們付出的價值觀。例如，為了別人付出、為了精進自我付出、為了變成一個有同理心的人而付出等等，這就是所謂的「開闊的工作（世界）」。

難得有一扇開闊的大門，我們卻把自己的付出侷限在「升遷」上，正是「自尋狹隘」了。

聽我這樣講，有人會嫌我一個和尚不諳世事，社會本是弱肉強食的。其實「社會本是弱肉強食」的價值觀，也是一種「自尋狹隘」的價值觀。

人類跟其他生物相比，並沒有尖銳的爪牙或飛毛腿，因此選擇「互助合作」來度過生存競爭。把工作和社會當成弱肉強食的人，大概沒有注意到組織裡的每一個人，都是互補不足的協力關係。套一句老生常談，他們可能愈來愈不懂得何謂「感激」了。

多虧我們的付出，別人才得以升遷。我們應該有寬大的心胸誠摯祝福對方，一如我們自己升遷一樣。

那些感嘆自己持續付出，卻無緣升遷的人，反而有絕佳的機會在開闊的世間裡踱步。請對自己身為金字塔的基石感到驕傲吧。

閒暇，是一種奢侈

熱愛工作的人，大概都被灌輸「閒暇，等於壞事」的觀念了。還有人說，他們一想到自己退休之後閒閒沒事的模樣，就覺得很害怕。

我也是一個很忙碌的人，家人還調侃我，根本是一隻不游泳就會死的鮪魚。可是，我不會對閒暇的自己感到害怕。總有一天，我想過著和尚該過的悠閒生活。問題是，和尚沒有在退休的，我也不知道何時才有那樣的機會。

我到印度參拜佛陀的修行聖地時，早上六點搭車從旅館出發。離開城鎮之後，隨之而來的是一片恬靜的鄉村風景。我從車窗往外看，路邊的大樹下，有一位老人家抱著纖細的雙腿坐在地面上。

吃完午飯結束參拜之後，我們在下午四點循原路折返。這時候我看到一個驚人的景象，早上的那位老人家，以同樣的姿勢坐在同樣的場所。我不曉得他是在冥想？還是在享受放空的悠閒時光。我甚至以為他是仙人或者瑜伽行者呢。

過去在昭和時代，人們把勤勞的日本人形容成辛勤工作的螞蟻。最近的研究顯示，螞蟻的社會裡，有一定比例的螞蟻是完全沒在工作的。當某些螞蟻過勞的時候，那些沒工作的螞蟻就立刻代替牠們工作。換句話說，一個社會要長久維繫下去，並不是所有人都要忙著工作，沒工作的個體也是有必要的。

以往努力工作的人，擁有豐富的經驗與知識。好好地活用那些經驗與知識，享受閒暇也未嘗不可吧。或者在後輩遇到問題的時候，伸出援手也是不錯的選擇，而我們擁有這樣的能力。

我有一句座右銘是：「要珍惜閒暇的時光，閒暇時獲得的啟示遠比忙碌的時候多。」**整天忙著工作會矇蔽我們的觀察力。閒暇的時間，是反思內心的關鍵時刻**。請在內心寫下：「閒暇，等於奢侈」的觀念吧。

06

疲憊身，放從容

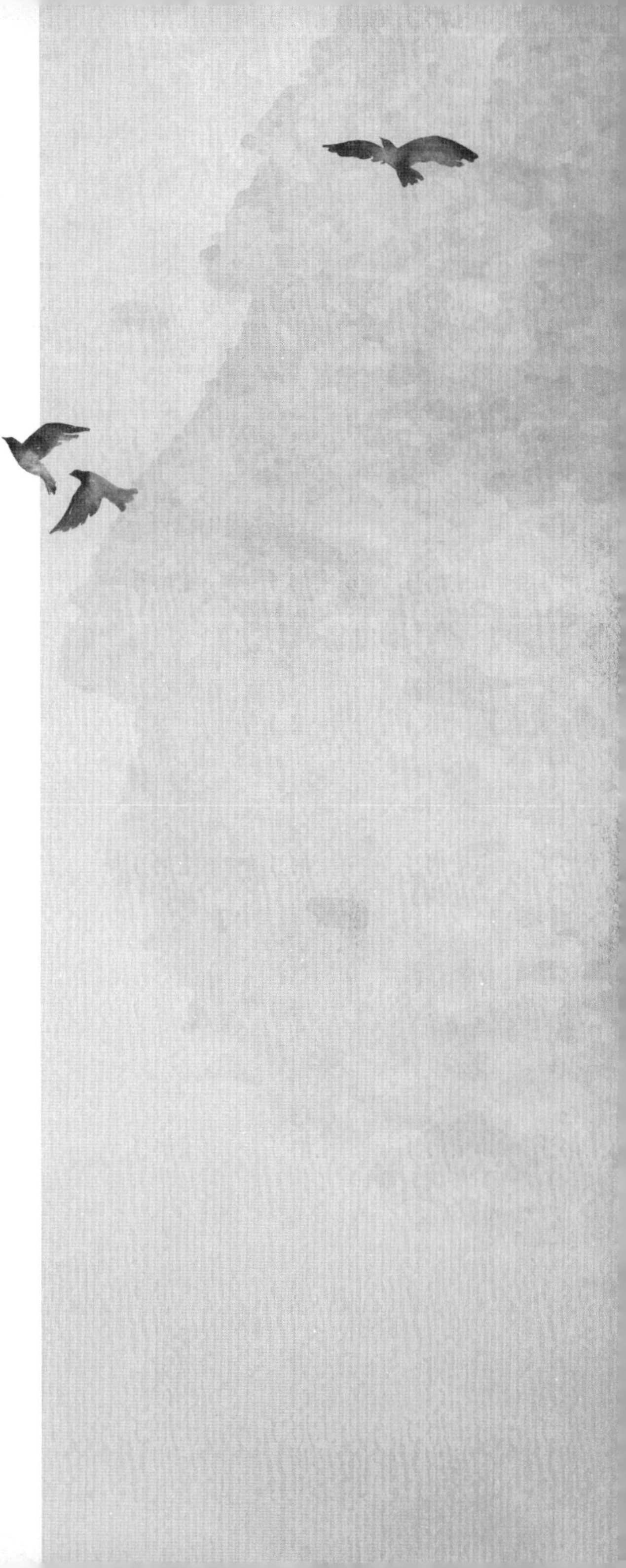

認清死後的世界，擁有從容的心境

有些人很擔心自己會罹患癌症、中風、糖尿病等，不易根治的疾病。其實會生病的時候就是會生病，留意健康狀態、避免暴飲暴食、過上規律的生活，也不見得管用。

我很清楚生病是難免的，罹患不治之症也是有可能的事情。而這些覺悟來自一個亙古的真理：「凡人終有一死。」

我們不曉得自己何時會死，也不曉得自己會怎麼死。不過，日本大部分的僧侶，並沒有把死亡視為結束。

各位都有掃墓的經驗，對吧？這就是人們沒把死亡視為結束的證明。如果你覺得死亡就是結束，那麼你去往生者的墳前，也只是緬懷過去而已。但是我們會在墳前或佛壇前雙手合十，對往生者交談，這便是內心有著「人雖往生，但精神不死」的觀念。

我的師父在晚年曾經笑著說，**死亡就好像在車站轉車。我們在世的時候，搭乘的是「陽世線」電車，然後在名為死亡的中繼站，轉搭「陰間線」電車。我們可以在陰**

間線上，享受著陽世看不到的景象。我的想法也跟師父差不多。

海倫・凱勒也說過類似的話。

「死亡就像從一個房間走到另一間。不過，對我來說有很大的不同，因為我在下一個房間裡，雙眼就能看到東西了。」

我認為人死後，會回到我們尚未得到生命前的地方。大家稱呼那個地方為宇宙、大自然、淨土，總之是一個令人安心的地方。

你可能覺得這純屬浪漫情懷吧，我也不否認。無法證明的東西才叫浪漫啊，但是對某些人來說，那份浪漫是一種信仰、確信，與真實。

與其擔心自己罹患不治之症，不如放寬心胸，相信死後還有一段歷程，這樣反而更能坦蕩蕩地走完人生。

「活得健康」純屬顛倒夢想

幸福，是永遠的三月花季。
妳十九歲，我二十歲。
膝下育有孝順三子，
外加用不完的百兩銀，
以及死後的生命。

這是我在三十多歲的時候，得知的一段趣味的格言。用現代人的話來說，則是：

「何謂幸福呢？一年四季最好都是櫻花盛開的氣候。心愛的妳永遠十九歲，我大約二十歲就好。等我們結婚以後，生下三個小孩子，希望三個小孩都很孝順；然後，最好擁有怎麼花也花不完的錢。死後，還能永續生命那是再好不過了。」

換言之，這段話是在尋問讀者，你是否把天方夜譚當成幸福？也差不多是時候，該從顛倒夢想中清醒過來了吧？

電視節目或健康書籍上介紹的健康法門，和那種「祈求死後還有生命」的欲望，有著異曲同工的地方。

老人家常說，他們想要健健康康、求得好死。這句話是指，活著的時候健健康康，死的時候不必承受漫長的痛苦。才五十歲就產生類似的心情，追求各式各樣的健康法門，我認為這是很奇怪的事情。

多數的民俗健康療法，也不曉得到底有沒有效果。試過以後可能真的有保健功效，不試或許也同樣健康。廣告上也都標示著，「以上皆為個人使用感想，效果因人而異」的警語，並非對所有人都有效。我們應該知道，實踐再多的健康法門，服用再多的營養劑，人終究會生病的。

如果試過幾個健康方法，還是免不了生病的命運，我們可能會以為嘗試其他方法（或營養劑）就不會生病了。然後，再次追求新的健康法，深陷其中而不可自拔。

至少，我是沒有這種閒功夫浪費人生啦。**失去健康之後，如何保持心靈的平穩，過著充實快樂的人生，這才是重點。**

生病時先照照鏡子

疾病，是釋迦牟尼提到的代表性痛苦（佛教的痛苦，意指事與願違）之一。我們的身體在度過五十寒暑之後，也會開始走下坡。身體各個部位慢慢地出現問題，也是無可奈何的事情，我已經看開了。

可是，有些人看到周遭的親朋好友生病，就會擔心疾病會降臨在自己身上。假如周遭有很多親朋好友生病，那麼就統計學角度來看，我們生病的可能性也不低。這也代表我們得先做好心理準備，以免生病的時候心靈失去平穩。

《般若心經》中有一句「無老死」的經文。這不是指沒有衰老和死亡的意思，而是不把衰老和死亡視為痛苦，這才是比較實際的看法。

年紀大也是有好處的，若非歲月的淬煉，我們又豈得見多識廣？把死亡視為結束，或許是一種痛苦，反之不把死亡視為結束，即可大幅降低生命消失的痛苦了。

我想同樣的道理也適用在疾病上，任何人都免不了生病，我們只要思考生病的好處，就不會感到痛苦了。

事實上，很多人相當感謝自己生病的經歷。**多虧了疾病，他們才瞭解了家人的重要，並且開始懂得量力而為**。

某位很照顧我的哲人住院的時候，我去醫院探望他，他說了一段很令我感動欽佩的話。「醫院是很適合觀察人性的地方。醫院裡的人，都有一種自私的眼神。我打算在這裡多多觀察那種眼神。」

當時他的眼神，就跟小孩子一樣閃閃發光。

萬一我以後生病了，我也希望笑著面對鏡子，看看自己的眼神是不是很自私。

生病的時候不必逞強

有「根性」（日文的「毅力」之意）就能突破萬難，這種精神論源自體育世界，後來也在商業界廣為流傳。

如今，根性一詞意指，「超乎尋常的努力」。本來根性是因陀羅的梵文，泛指當事人的素質或能力。例如，「他的根性不佳」等等，也是名為「根機」的佛教用語。

以不屈的精神挑戰各式各樣的困難，根性的這種含意，可以幫助我們突破人生的諸多障礙。當一個人生病的時候，我們也常說「疾病出自心理作用」。既然疾病出自心理作用，那麼影響也就可大可小了。我也不時懇切地告訴信眾，「病魔」一詞，寫作病和魔。病，是醫師處理的。心魔，則是宗教的範疇，要交由和尚來解決。

我的師父（也就是我的親生父親）七十二歲往生，死因是肝癌。肝臟機能衰退，害他擺脫不了倦怠和衰弱的痛苦。過去他積極參加電視臺的採訪，上廣播電臺講解禪機佛學，過著精力充沛的生活，生病之後就完全失去元氣了。

有一次我安慰他，疾病本是心理作用，別太在意了，他回答我。「確實，大家都說『疾病本是心理作用』，但是心理也會受疾病影響。你現在身體健康，所以無法瞭解。」

我一句話也無法反駁。人都是健忘的，過去我一發燒就病懨懨地躺在床上，全身關節痛到輾轉反側。我完全忘了自己過去的經歷，說出了自以為是的話來。

疾病跟受傷不一樣，是外表看不出來的體內異常。這種異常伴隨的心理憂鬱，是外人難以理解的。

漫畫《骷髏13》有一句名言是，**受傷的狼就該好好休息。身上有頑痾痼疾的人，也不用勉強自己強言歡笑，學著和疾病相處就好。**

學著痛快服用藥物

我來講一個笑話，有一對老年人在醫院的候診室聊天。

「唉呀，今天沒見到那個人呢。」

「是啊，他是不是生病沒來啊？」

撇開玩笑話不說，我真的看過有人在炫耀自己生了多少病、吃了多少藥。舉凡：高血壓、腰痛、白內障都能拿來炫耀，痛苦的程度與服用的藥物多寡呈正比。換句話說，他們是在表示自己忍受諸般苦楚，非常了不起的意思。或許這是老年人或病患特有的智慧吧，懂得從正面的角度來看待壞事。

人體的成長，大概在十八歲第二性徵結束就停止了，之後便開始慢慢地走下坡。到了五十歲，身體出毛病也是情有可原的事。有些人健康依舊，基因和成長環境導致每個人的健康狀況不同，此乃世間常理，整天羨慕別人健康也沒有意義。

我從二十七歲以來，有整整五年的時間，每個月會跟癌症患者聊一次天。有人打算利用抗癌藥物或放射治療來對抗病魔；也有人認為癌症已經轉移，順勢而為就好。大多數人都是這兩種反應。

我們也能用同樣的態度來面對衰老。**如果還有心願或責任未了，那就秉持堅強的心念對抗衰老；或者選擇順應自然，聰明地乖乖服老。**我個人選擇後者，至少我認為這樣比較能保持心靈的平穩。

在相聲中有一個段子是，甲問乙為什麼大笑？乙說，當然是因為開心才笑，難道悲傷的人會大笑嗎？

同理，為什麼我們要吃藥？當然是因為生病才要吃藥啊，健康的人需要吃藥嗎？大家都希望身體健健康康，但是生病就得乖乖吃藥，這不也是一種健康法門嗎？

需要大量服用的藥物，就當成力保不衰的營養劑，而不是治療疾病的藥物吧。如此一來，吃藥也比較沒有壓力。

享受健忘這件事

年過五十，記憶力會愈來愈差。例如，整天尋找架在自己頭上的眼鏡，或是忘記把東西放到哪裡去（甚至連有沒有亂放都忘了），還得花上三十分鐘四處尋找。

再這樣下去，剩餘的人生幾乎都要花在找東西上面了，會感到錯愕也是在所難免的。既然找東西無法避免，我們就該主動減少身外之物，俗話說簡單就是上策。

各位不妨去書店買一些腦力激盪的書籍來玩，以免健忘的症狀有增無減。

年紀一大很容易遺忘事情，回想所耗費的時間也比較長。這是理所當然的事情，也無可厚非。其實，所謂的「理所當然」是很重要的思維，可以解決諸多的苦惱。

我們對於「理所當然」的事通常不會生氣。例如，夏天悶熱、冬天寒冷是理所當然的，我們頂多抱怨幾句，卻不會有太深刻的煩惱。遇到工作能力不好的年輕部下，看在對方缺乏歷練的分上，也就願意耐心教導對方了。

人老了，本來就有記憶力衰退、忘東忘西、腦筋不靈光的毛病。對這些理所當然的事，也沒什麼好訝異的。

世間萬物一直都在不斷地變化，這就是佛教所說的諸行無常。**沒有人能躲過諸行無常的大法則。也正因為躲不過，我們才得以成長。現在我們能笑著面對難過的回憶，做到以前做不到的事情，這也是諸行無常的道理**。想在這個大原則中歡笑度日，最好的辦法是要懂得享受變化。

跟以前相比，我們變得非常健忘，很多事情都想不起來了。人本來就是會變的，搞不好再過不久，我們甚至會忘記自己壽命有限呢。像這樣笑著接受現實，也未嘗不可啊。

健忘，是溫柔善待家人的機會

我擔任住持的寺廟（密藏院），每年會舉行一次護摩火供。「護摩」，一詞出自梵文音譯，是一種在爐中焚燒供品，以供養本尊的密教修行法門，含有用智慧之火焚燒迷津的意義。而所謂的「火供」，是期盼現世的利益，並非供養祖先。

有些事情光靠努力無法達成，護摩火供便是期待神佛加持的法門。

護摩火供的祈願中，分成有息災延命和無病息災這兩種。息災延命，是祈求平平安安，長命百歲的意思；無病息災，是祈求健康平安地過活。

以前有很多人祈求「息災延命」的護符，最近幾乎沒有人需要了。理由是，大部分的人都不想活太久，反倒是祈求「無病息災」的人變多了。

祈求長生的人變少，主要是害怕老人痴呆症的關係吧。沒有人願意活到年老痴呆，否則病情一旦惡化，搞不好連家人都不認得了，還會恢復見利忘義的本性，破壞自己辛苦建立起來的尊嚴。

換句話說，大家寧可早點走完人生，也不願給周圍人添麻煩。

也難怪人們只想活到平均的壽命，就跟這個世界道別。

順帶一提，每年發表的平均壽命，是指當年度出生的人平均能活到幾歲的意思。今年發表的數字，適用在今年出生的小寶寶上。一九五五年到一九六五年，根據日本厚生省的統計數據指出，一九五五年出生的人（以下皆為男性數字）是六十三歲，一九六〇年出生的人是六十五歲，一九六五年出生的人是六十七歲。隨著醫療技術進步，如今五十多歲的人，還有更長的人生可以享受，但是也不到八十歲的地步。

我們都希望健健康康活到平均壽命，然後乾脆地死去，無奈我們不曉得自己何時會死。因此，最好趁現在培養良好的家庭關係，這樣日後罹患老人痴呆，家人才願意和顏悅色地照顧我們。

身體永遠嚐得出美味的食物

人到五十歲，牙齒也會逐漸變脆弱，我也不例外。四十多年來替我們咬碎食物的牙齒，每年都有幾顆會跟我們的口腔告別（而且再也不會長出新牙了）。

如果戴假牙的話，吃東西的味道也會產生變化。所以，飲食的味道不比當年，也是無可奈何的事情。

另外，**年紀大比較想吃魚類或口感清爽的食物**。**我認為這跟牙齒脫落一樣，都是很自然的道理**。我常在大殿裡冥想，尋問自己的身體是否需要肉類或油炸物，我似乎可以感受到身體在告訴我，自己已經不太需要肉類或油脂了。

（不過，聽說年過六十五歲以後，要積極食用肉類。）

以前，有個二十多歲的年輕人問我，工作到底是為了什麼？我理所當然地回答，工作是為了生存和吃飯。人類要吃東西才能生存下去，飲食是支持我們人生的基礎。怪不得，日本會有舉世罕見的食育基本法。

（立法目的是培育國民健全的身心，以及豐富的人格特質。）

大家都希望美味地享用食物，此乃人之常情。年過五十以後，我也開始邀請妻子一起享用異國美食，畢竟東京有世界各國的料理。例如，兩國地區有蒙古料理，大使館林立的港區還有以色列料理等等。不曉得還有多少異國名菜等著我們享用，真是令人期待呢。

雖然我們無法像以前那樣美味地享用食物了，但是自己動手做菜的比例倒是增加了。多虧網路上有很多的食譜資訊，有時候家人不在，我也會找年輕好友一起來吃，跟附近的鄰居共享食物也別有一番趣味。

想吃肉、卻又吃不下的人，其實還有很多好吃的東西等著你們享用喔。

不要依賴酒

俗話說，酒精是掃除煩憂的掃把，很適合用來遺忘煩惱。

大家都嫌棄喝醉酒的人，認為他們都是笨蛋。但是這個號稱人類偉大發明（或稱發現）的妙藥，對性情軟弱的人來說，確實是一大強心劑。

遇到一點壓力或討厭的事情，喝醉之後保證煙消雲散。而且效果不只一時，隔天早上起床之後，也會完全忘記憂慮。

話雖如此，不是只有酒精才有消除壓力的功效。

我每天都會帶著小狗到寬廣的公園或河濱散步，那裡都是很開闊的場所，我能夠感覺到自己的心靈產生一股解放感。

到海邊散步或健行登山，大自然的能量會充滿體內，排解工作或人際關係的壓力。在大自然中活動肉體的疲勞感，與源自壓力的疲勞感完全不一樣，相信這一點大家憑感覺都能體會，至於有沒有類似的心理學研究我就不清楚了。

佛教導入瑜伽的冥想訓練，作為一種保持心靈平靜的重要修行方式。冥想有各式各樣的種類，有一些不拘形式的法門可以在家中或職場練習，請各位不妨嘗試看看。

首先請閉上眼睛，將意識集中在呼吸上面，緩慢地深呼吸十次左右。

接著，想像一些你覺得最為放鬆的地方。例如，在雲海上騰雲駕霧，或者有陽光照入的深海之中。總之，非現實的場所也沒關係。

一邊緩慢地深呼吸，一邊想像著自己抵達那些地方之後放鬆身心，就這樣度過好幾分鐘，最後緩緩地張開眼睛。

時常利用時間冥想，喝酒就變成一種單純的享受，而非借酒澆愁了。

肥胖是添購新衣服的「最佳藉口」

日本是長壽大國，每次看到電視播出訪問人瑞的節目，最令我們感到安心的，就是大部分的人瑞，並沒有特別做什麼延年益壽的事情。儘管那是電視臺刻意挑選和剪輯過的內容，但是幾乎沒有人瑞是用運動來保持健康的。就算真有這樣的人，也是他們本來就喜歡運動，運動算是他們舒壓的方法之一。

住在我家寺廟附近的人瑞，也幾乎沒幾個在運動的。與生俱來的長壽基因和沒有壓力的悠閒生活方式，也許才是延年益壽的祕訣吧。

年過五十很容易有中年發福的傾向，有不少人認為自己必須努力運動，他們害怕BMI數值過高；或是擔心以前的衣服穿不下，造成經濟上的損失。

像我就經常待在寺廟裡，妻子也建議我多運動比較好。我從初中以來就跟運動無緣，運動次數屈指可數。如果有人勸我去跑步，我就會說一大堆歪理，故意充耳不聞。例如，動物只有追捕獵物或逃避追捕才需要跑步，萬物之靈幹嘛吃飽撐著去跑步啊？

我家的寺廟面積很寬廣，光是在裡面生活一天就得走上數千步。此外，我還得帶大型犬出門散步一小時，私心算起來運動量也算足夠了。至於普通上班族，我一向認為他們上下班通勤的運動量也不算少。再來，做一點伸展運動或長時間泡澡也不錯。萬一衣服穿不下了，何不慶幸自己有添購流行服飾的機會呢？這樣想，就不會有身材上的壓力了。

不過，如果肥胖和體能退化，讓你覺得自己有必須去運動的壓力，那麼還是排解一下這股壓力比較好。你要學習我的觀念也無所謂，去購買高價的衣服或鞋子來舒壓，也未嘗不可。**五十多歲也該懂得「苦中作樂」，摸索輕鬆悠閒的人生了。**

不要一味求新

我所管理的密藏院，位在東京東部的鹿骨地區。這裡有很多種植小松菜的農家，以及種植牽牛花、聖誕紅、仙客來等花卉的花農，還有以景觀設計為業的人。

當地喜歡喝酒的人不在少數，也不曉得是體力勞動較多的緣故，還是大家有意迎合我的喜好。總之，這裡一到了清明時節，人們拜拜完之後，就會準備一大堆酒飲用。

而居民長期以來飲用的酒類，也多半是大型釀酒廠販售的（也就是俗稱的二級酒）。大家不喝吟釀酒，我曾經半開玩笑地問，他們是不是重量不重質？結果他們說二級酒才是最好喝的，然後一大早就舉杯痛飲。

六〇年代出生的人，是在高度經濟成長期之中長大的，那是一個威士忌的全盛時期。過去學生時代飲用的便宜威士忌，在人們開始工作賺錢以後，就漸漸地被高級的威士忌取代了。

威士忌風潮過後，改流行燒酒。以麥子、芋頭、米類為原料的燒酒陸續登場，也多虧了物流系統和網路的發達，如今日本全國各地都能喝到地方上特產的酒類。另外，在啤酒釀造商的激烈競爭之下，大家也能喝到地方上的特產啤酒了。日本酒和紅酒也曾經風靡一時。換句話說，六〇年代出生的人，總是在追求好喝的美酒，而這些人也確實活在不乏美酒的黃金年代。

等到追求美酒的風氣不再，這些人也五十多歲了。有人說，他們再也無法享受過去喜歡的美酒，因為他們已經喝遍全天下的美酒了，自然也少了幾分感動。我覺得他們不該再追求新的刺激，而應該像鹿骨地區的大叔們一樣，**單純享受自己喜歡的酒就好**。

當今之世，網路上隨便都能買到合適的下酒菜。稍微奢侈一點，購買自己喜歡的美酒和佳餚，就能繼續享受美酒的樂趣了。

（怎麼身為和尚的人在寫飲酒作樂的方法呢……）

一成不變的安心感

時常光顧的店舖……我從三十幾歲就很喜歡這句話。這種店舖一個人去消費也不用顧慮太多，跟店員聊天就像是跟好朋友閒聊一樣。其他熟稔的顧客也跟好友無異，讓我們覺得自己似乎多了一個歸宿。無論遇上好事或壞事，反正不想馬上回家的時候都可以去。

想要成為常客，就得頻繁去光顧才行。不過成為常客以後，店家也會給予各種通融。例如，提供店裡的隱藏版菜色，或是接受宴會預約等等。提出稍微任性一點的要求，店家也不會拒絕。當然，我們也得接受店家提出併桌或提早關門的要求。

五十多歲的人口袋裡有多少間經常光顧的店舖，這一點大概沒有人認真統計過。以我個人來說，我常去的餐飲店就有三家。都是光顧十年以上的老店，我也常帶家人一起去用餐。有時候帶訪客去吃飯，我只要先打聽好他們想吃什麼，再打電話去預約，告訴店家我馬上要過去用餐就行了。

住持本來外出的機會就不多，也不太會想光顧新的店鋪。熟稔的店鋪待起來也比較輕鬆自在，畢竟店家也瞭解我的脾性。

可是，有些人認為常去一樣的地方，有種一成不變的感覺。在他們心裡一成不變不是一件好事。明明每天都要面對嶄新的日子，卻在無意間放棄挑戰新的事物，這一點可能讓他們感受到自己的心靈老化吧。

出差或旅行之後回到家裡，那種安心感也是一成不變的生活所帶來的偉大產物。佛教的經文傳唱數千年之久，也是一種偉大的不變。**請不要把這些一成不變的東西，當成老套、陳腐、司空見慣、老掉牙的東西**。

追求嶄新事物的心情是很重要沒錯，但是再新的事物也總有變舊的一天。這樣的追尋是沒完沒了的，而且沒辦法讓你過上悠閒自得的人生。

請體會一成不變的好處，度過清閒溫吞的生活吧。

HEART
心|視野　心視野系列 020

50 歲開始，不過配合別人的人生

50 歲からの心を「ゆるめる」教え ~ 人生を楽しむ " 執着 " の手ばなし方

作　　者　名取芳彥
譯　　者　葉廷昭
總 編 輯　何玉美
選 書 人　陳秀娟
主　　編　陳秀娟
封面設計　萬勝安
內文排版　許貴華

出版發行　采實文化事業股份有限公司
行銷企劃　陳佩宜・陳詩婷・陳苑如
業務發行　林詩富・張世明・吳淑華・林坤蓉・林踏欣
會計行政　王雅蕙・李韶婉
法律顧問　第一國際法律事務所　余淑杏律師
電子信箱　acme@acmebook.com.tw
采實粉絲團　http://www.facebook.com/acmebook

ISBN　978-986-95256-7-1
定　　價　300 元
初版一刷　2017 年 11 月
劃撥帳號　50148859
劃撥戶名　采實文化事業股份有限公司
104 台北市中山區建國北路二段 92 號 9 樓
電話：(02)2518-5198
傳真：(02)2518-2098

國家圖書館出版品預行編目資料

50 歲開始，不過配合別人的人生 / 名取芳彥著 ; 葉廷昭譯 . -- 初版 . -- 臺北市 : 采實文化 , 民 106.11
面 ;　公分 . -- (心視野系列 ; 20)
譯自 : 50 歲からの心を「ゆるめる」教え : 人生を楽しむ " 執着 " の手ばなし方
ISBN 978-986-95256-7-1(平裝)

1. 人生哲學 2. 生活指導

191.9　106015433

采實出版集團
ACME PUBLISHING GROUP